JN156848

NHK
プロフェッショナル
仕事の流儀

5

くらしをささえる プロフェッショナル

編：NHK「プロフェッショナル」制作班

NHK プロフェッショナル 仕事の流儀 5

くらしをささえるプロフェッショナル

目次

はじめに 4

サラリーマンは、スジを通せ
鉄道ダイヤ作成 牛田貢平(うしだこうへい) 5

港のエース、ガンマンの絆(きずな)
クレーン運転士 上坪茂(かみあくつしげる) 41

人生で大事なことは、ここにある
保育士　野島千恵子　71

威信をかけて、水道を守る
水道技術者　笑喜久文　103

答えは、地域にある
地方公務員　寺本英仁　135

心の絆で、人をささえる
困窮者支援　奥田知志　167

はじめに

このシリーズは、NHKで放送された番組『プロフェッショナル 仕事の流儀』を書籍にまとめなおしたものです。

番組では、さまざまな分野の第一線で活躍しているその道のプロフェッショナルたちの「仕事」をほり下げ、プロフェッショナルたちの仕事にのぞむ姿勢や、その生き方をつらぬく「流儀」を紹介しています。

5巻「くらしをささえるプロフェッショナル」では、生活に深く関わる仕事にたずさわり、それぞれの現場で日々闘い続けている6人のプロフェッショナルたちが登場します。

プロフェッショナルたちの仕事にのぞむ姿勢や考え方をとおして、仕事の奥深さ、働くということの魅力、プロフェッショナルたちの生き方の流儀を伝えられればと思います。

ストーリーの最後には、プロフェッショナルたちの格言をのせています。プロフェッショナルたちのことばが、これからを生きるみなさんの道しるべになることを願います。

「くらしをささえるプロフェッショナル」編集部

サラリーマンは、スジを通せ

鉄道ダイヤ作成
牛田貢平（うしだこうへい）

正確な運行で世界的にも知られる、日本の鉄道。
都心では、ラッシュ時には満員の電車が2分間隔で走り、
さらにホームにあふれる乗客を飲みこみ、時刻表どおりに駅を出発する。
こうした正確な運行をささえているのが、
緻密に作成された列車運行表、ダイヤグラムだ。
このダイヤグラムを作成することを仕事とする人がいる。
通称「スジ屋」。電車の運行をあらわす「スジ」を書くことから、こうよばれる。
スジ屋として、東京の地下鉄に革命をおこした男がいる。
鉄道会社につとめるサラリーマン。根っからの鉄道マニアだ。
運転士にあこがれた彼は、どうしてスジ屋になったのか？
何百、何千と書くスジの上に、スジ屋は何を見つめているのか？
スジ屋が、その仕事に通す「スジ」にせまる。

✳暮らしを乗せるダイヤ

東京都心、朝の地下鉄の駅は、たくさんの人でごった返します。ホームの端には、鉄道会社の係員がずらりと並び、電車が到着するたびに乗客の乗りおりを誘導。ドアが閉まるときには、ドアからはみだした乗客の体や荷物を係員がドアの中におしこみます。やっとドアが閉まり、つめこまれた乗客でふくれそうな電車が動きだすと、早くも、次の電車の到着を知らせるアナウンス。その間隔は、ピーク時で2分ほどという、大変な目まぐるしさです。

東京の地下鉄の利用者数は1日およそ991万人（2016年実績）。これだけの人数を乗せて、大きな遅れをださずに走る日本の鉄道の正確さは、世界的にも有名です。

こうした正確さをささえているもののひとつが、緻密な列車運行表です。「ダイヤグラム」、略して「ダイヤ」ともよばれるものです。

ダイヤは、折れ線グラフのようなものです。縦方向に駅名が並び、横方向が時間をしめします。ある電車が始発駅を出発してから、各駅のあいだを何分で走り、どの駅で何分停車するか。その動きが1本の線であらわされているのです。

このダイヤグラムをつくるのは、鉄道会社の社員。線、筋を書くことから「スジ屋」とよばれます。「スジ屋のかがみ」とよばれる人がいます。東京地下鉄株式会社、通称、東京メトロの牛田貢平さんです。

牛田さんがつとめる東京メトロは、東京の地下鉄を運営する鉄道会社。9つの路線で、首都圏のたくさ

■ ダイヤグラムの読み方

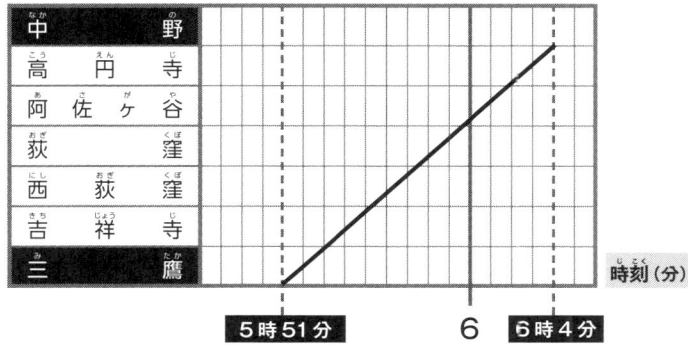

縦方向は駅名、横方向の目盛りは1分ごとの時間。太線の部分は、5時51分に三鷹駅をでて、6時4分に中野駅につくことをあらわしている。

んの人の移動をささえています。牛田さんが所属するのは、電車の運行計画を立てる輸送課という部署で、ダイヤづくりをおこなうスジ屋は5人。1、2年に一度おこなわれるダイヤ改正、季節のイベントなどのための臨時ダイヤの作成が、牛田さんたちスジ屋のおもな仕事です。

東京メトロの路線の中でもっとも利用者が多いのが、東京都の中野と千葉県の西船橋をむすぶ東西線です。牛田さんは、この東西線のダイヤ作成を担当しています。

東西線の列車運行本数は、1日約600本。つまり、東西線のダイヤには、約600本のスジがひかれています。折りたたんであるダイヤは、広げると3メートル近くもあり、その長い紙をびっしりと交差するスジがうめています。

よく見ると、スジには記号のようなものが書きこまれています。各駅での停車時間を秒であらわす記号や、車庫への出入り、回送をあらわす記号です。たった1本の線の上に、たくさんの情報がつめこまれているのです。

ダイヤにしめされる5秒単位の時刻。たった5秒で、電車の運行にそれほど大きなちがいがでるのでしょうか？　牛田さんは、大きくうなずきます。

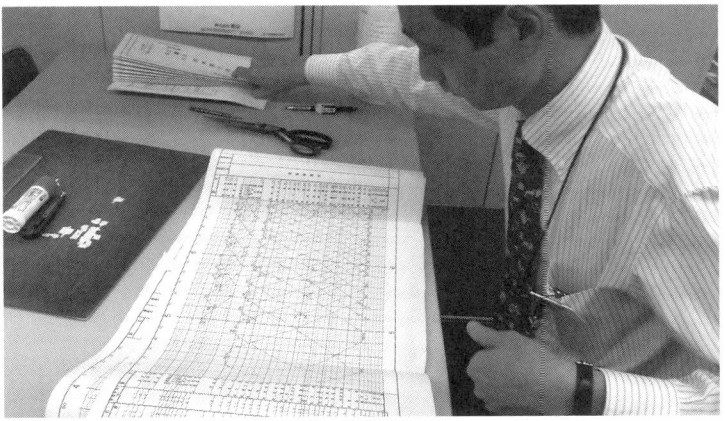

ダイヤをつくるのは、とてつもなく精密な仕事。

「ラッシュ時間帯のように、電車の間隔がつまっているときの5秒は、大きいです。5秒長く駅に電車が止まれば、5秒分お客さんを多く乗せられます。すると、その分、次の電車がすく。そういう細かい調整で、列車の混み具合を均等にすることで、乗りおりに時間がかかって電車が遅れるのを、防ぐことができるんです」

数秒の乗客の動きを計算に入れた、細やかなダイヤづくり。これが、「スジ屋のかがみ」である牛田さんの技です。ひとつの線路に、複数の鉄道会社の電車が乗り入れる近年、発着時間の調整はとてもむずかしい作業。牛田さんは、多くの制約の中、くダイヤグラムには運行時刻をしめす線だけでなく、一つひとつに重要な情報がつまった、細かい記号が書かれている。

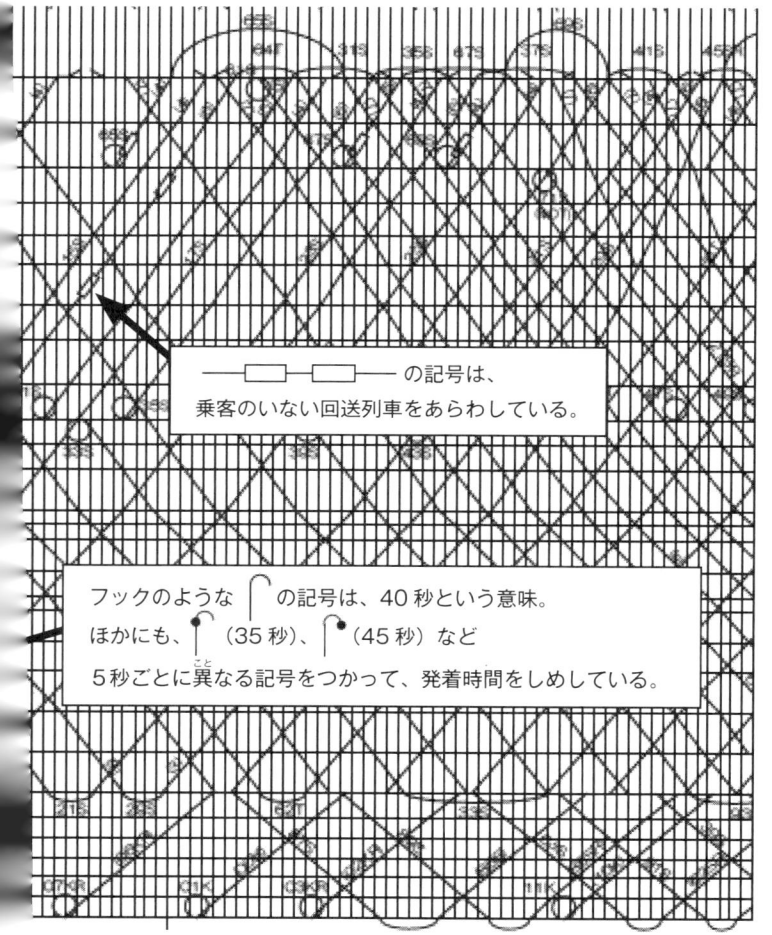

6

© 東京地下鉄株式会社

■ 東西線でつかわれているダイヤグラムの一部

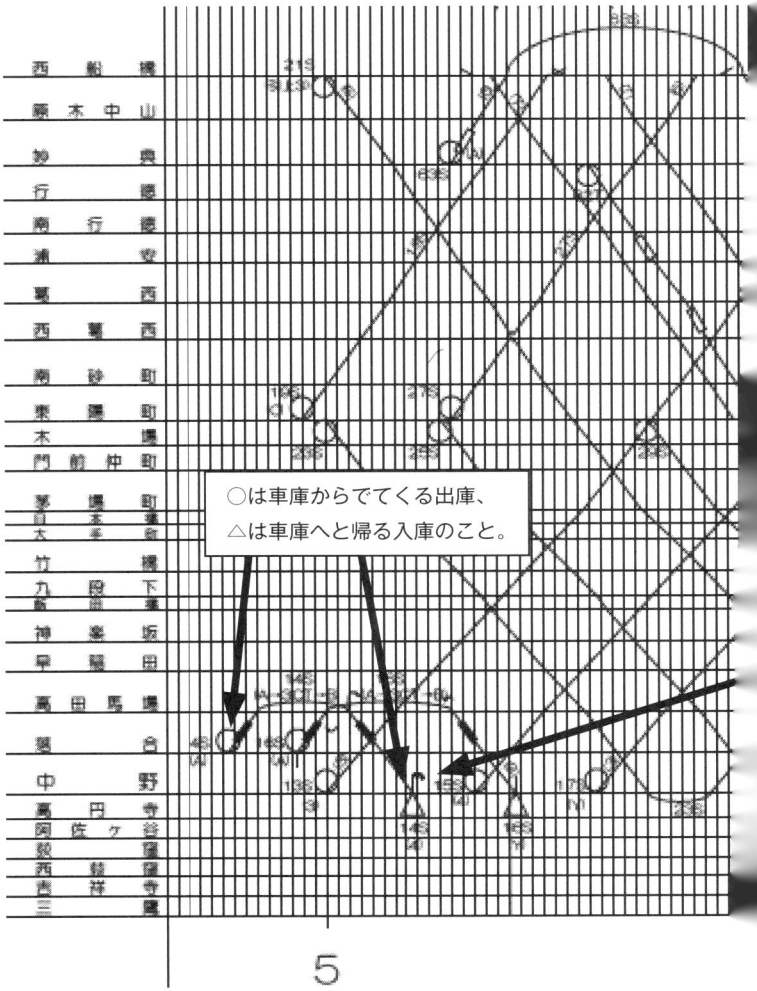

冬の電車は、コートの厚みで車内が混み合う。

ふうをこらして秒単位の調整を試み、安全でスムーズな運行を実現しているのです。

＊＊＊

スジ屋は机に向かってスジをひくもの……と思いきや、牛田さんはオフィスでじっとしていません。

「調査に行ってきます」

と言って、朝から自分が担当する東西線の駅を回りはじめました。

目的の駅につくと、乗客のじゃまにならないホームの端に立ち、乗客の流れと車内のようすに目をこらします。

電車が40秒ほど遅れて入ってきました。

牛田さんは、冬のコートを着た乗客が多いことに気づきます。寒くなると、厚手のコートを着る人が増え、その厚みで車内が混み合う「着ぶくれラッシュ」によって、電車が遅れることが多いのです。

牛田さんは、電車の到着時間、混雑の具合、乗りおりにかかった時間、電車の出発時間などを詳しく記録しました。ここに、スジ屋、牛田さんの流儀があります。

スジは現場でひけ

紙の上のダイヤや、集計された数字を見ただけでは、わからないことがある、と牛田さんは言います。計算上は、ある人数の乗客に対して、ある本数の電車が運行されれば十分という場合でも、実際に駅のホームに立ってみると、それが体感として「ちがう」と感じられることがあるのです。

だから牛田さんは、必ず現地に足を運び、電車の運行の状況を自分の目で確認します。実際に現地に立つことで得たデータや感触によって、秒単位でのダイヤ調整が可能になるのです。

こうした牛田さんの仕事が大きな成果を上げたのが、２００８年と２００９年の２度にわたりおこなわれた、東西線のダイヤ改正でした。

かつて東西線は、朝のラッシュ時間帯には、事故などのトラブルがなくても、日常的に５分以上遅れて乗客からの苦情が絶えなかった路線です。

そんな東西線のダイヤ改正に当たって、牛田さんは、停車時間の設定に目をつけました。

それまでのダイヤづくりは、何本の電車を何分おきに走らせるかということに重点がおかれ、停車時間は単純計算で設定されるものでした。こうして決められた停車時間は、混雑によってドアのあけ閉めに時間がかかると各駅で少しずつオーバーしていき、最終的に大きな遅れにつながっていました。

そこで、牛田さんは現場にかよいつめ、各駅、各電車の混雑や乗客の流れの実態を詳しく調べたのです。そのデータをもとに、どの電車に、どの駅で、何分の停車時間が必要かを見きわめ、５秒単位で振り分け直しました。その結果、電車の遅れが半分ほどにへり、乗客からの苦情は10分の１に。牛田さんは、遅刻の常習犯だった東西線を優等生に生まれ変わらせることに成功したのです。

＊＊＊

かつて牛田さんが、大みそかの臨時ダイヤを作成したときのことです。東京の地下鉄は、初詣客などのために、大みそかにはひと晩中休まず運行します。臨時ダイヤは、その終夜運行のための特別ダイヤです。

「うーん……」

スジをひいていた牛田さんがうなりました。ある1本の電車の終夜運転がどうしてもうまくいかないのです。その電車を朝まで走らせると、翌朝の始発駅にもどせなくなってしまいます。

（どこかでこの電車を、別の電車にさしかえなければ）

もっともかんたんなのは、途中の駅で乗客に、別の電車に乗りかえてもらう方法です。しかし牛田さんは、

（鉄道会社の都合で、お客様に負担をかけるわけにはいかない）

と考え、別の方法を探ります。ダイヤの上で、電車のさしかえが可能なところをしらみつぶしに探していきます。

やがて、牛田さんがひとつのポイントとなる駅を見つけました。終点の中野駅です。問題の電車は、終夜運転のはじまる5時間前に、通常運行でこの駅に到着します。そのときに、本来ならしばらく中野駅で停車するはずのこの電車を、すぐに折り返し発車させ、先に到着していた電車をあとから発車させるのです。そうすれば、あとから発車した電車を終夜運転につかい、問題の電車は朝までに本来の駅にもどすことができます。

そのかわり、先に中野駅に到着していた電車が長時間止まりっぱなしになってしまい、先に出発すると思ってこの電車に乗ってまっていた乗客は、あとからきた電車が先に出発するのを見送ることになってしまいます。そういう不具合を見すごすわけにはいきません。

ダイヤの向こうに、乗客を見る

■ 通常ダイヤでの折り返し

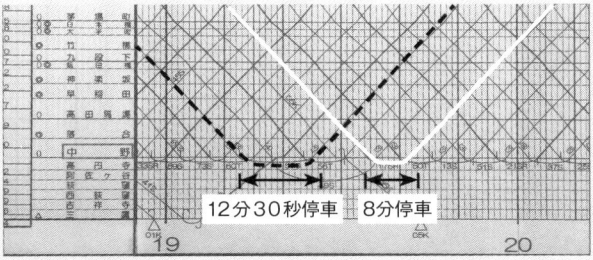

通常の運行ダイヤでは、終点の中野駅で、電車は駅に10分前後停車してから、折り返し運転をする。

■ 問題の電車では……

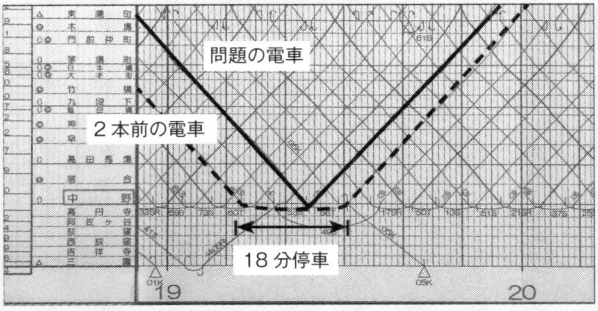

電車をさしかえるために、問題の電車をすぐに折り返し運転させると、2本前に到着している電車が18分間ホームでまつことになってしまう。

牛田さんは、ダイヤの上に乗客の生活が乗っている、と考えています。ダイヤは、乗客のためにつくることがだいじなのです。

そろばんを弾いて、もくもくとまち時間をへらすための計算をする牛田さん。しばらくして、ようやく解決策を見つけました。

問題の電車の前に到着している電車を、いったん待機車線に入れてしまうのです。そして線路を空にしておけば、乗客は自然に早くでる電車に乗ります。そうすれば、乗客に負担をかけずに車両のさしかえをすることができます。

牛田さん納得の、大みそかの臨時ダイヤが完成しました。

大みそか、牛田さんの姿は地下鉄のホームにありました。臨時ダイヤでの、車内の混雑状況、人の流れ、乗りおりにかかっている時間などを記録しているのです。

（今年の課題を来年につなげて、また少しでもよいダイヤにしなくては）

スジ屋の書くスジに終わりはありません。

■ 牛田さんの見つけた解決策

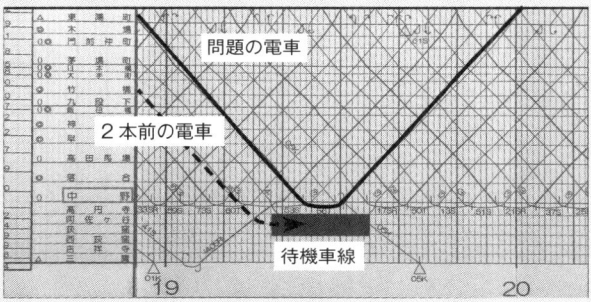

2本前の電車を、お客様の乗れない別の車線に待機させる。

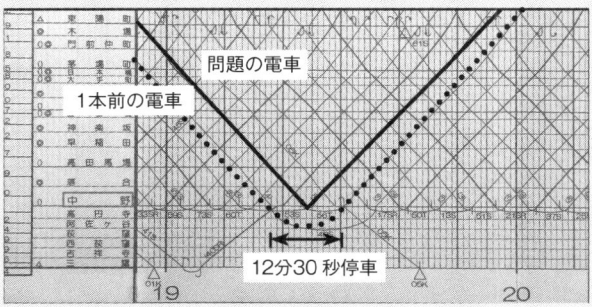

1本前の電車と問題の電車をさしかえれば、
お客様のまつ時間は少なくなる。

✳サラリーマンとして

牛田さんは、子どもの頃から電車が大好きでした。将来の夢は、もちろん電車の運転士になること。

高校時代はアルバイトでお金をため、地方の鉄道に乗る旅にでかけました。その旅で目にしたのは、人々の暮らしをささえる鉄道の姿。自分もそんな鉄道に関わる仕事がしたいと、真剣に考えるようになります。

高校卒業後、営団地下鉄の名前で知られる帝都高速度交通営団（現在の東京メトロ）に就職。入社して4年後には、夢だった運転士になりました。

牛田さんが仕事にはげんでいた26歳のとき、社内で現場の声を聞く、という改革プロジェクトがはじまりました。牛田さんは、はりきって自分の意見をだしましたが採用されません。自分が空回りしていると感じた牛田さん。不意に、鉄道会社という大きな組織の中で、自分は歯車としてさえ機能していないのではと、無力感にとらわれました。サラリーマンとしての自分の価値を見失ってしまったのです。

牛田さんは、思いつめて転職活動をはじめました。それを心配した当時の上司が、

「その気持ちを、社内で公募している論文にぶつけてみたらどうか？」

とアドバイスしてくれました。退職を覚悟していた牛田さんは、開き直ってその論文に会社への不満や不信感を率直に書きました。

「この会社は、変わろう変わろうと言いながら、何ひとつ変わらない」

この真っすぐな会社批判が幹部の目にとまります。論文で指摘した問題点について考えを深めるため、牛田さんは海外研修に派遣されることになりました。

研修には、さまざまな業種の人が集まっていました。だれもが組織の中で悩みや疑問をかかえ、それを改善したいという熱い思いをもっていました。彼らと話し合いを重ねるうち、牛田さんは気づきました。

（自分は、会社が変わらないことを、会社のせい、人のせいにしてきた。それではだめだ。だれかに望むのではなく、社員である自分が動かなくては）

牛田さんは、会社にのこることを決心しました。

それから9年後。突然、牛田さんは本社へ異動することになりました。

命じられた仕事は、スジ屋。

子どもの頃からの夢だった鉄道の仕事。列車の運行に直接たずさわる職場からはなれるのはいやでした。しかし、サラリーマンの自分は、会社にあたえられた仕事をまっとうしなければいけないと、考え方を切りかえました。

こうしてスジ屋になった牛田さんは、「それなら、現場の感覚を生かしたダイヤをつくろう」と心に決めます。

サラリーマンの、スジを通す

牛田さんは毎日のように駅を訪れ、ホームのようすを見ました。電車の遅れや混雑を観察し、それを解消するための新しいダイヤをつくって提案します。しかし、牛田さんのダイヤはなかなかみとめられません。スジ屋としての技術が未熟だったのです。牛田さんはなんどもダイヤをつくり直し、経験を積んでいきました。

異動から5年ほどたったとき、牛田さんは、南北線を担当することになりました。

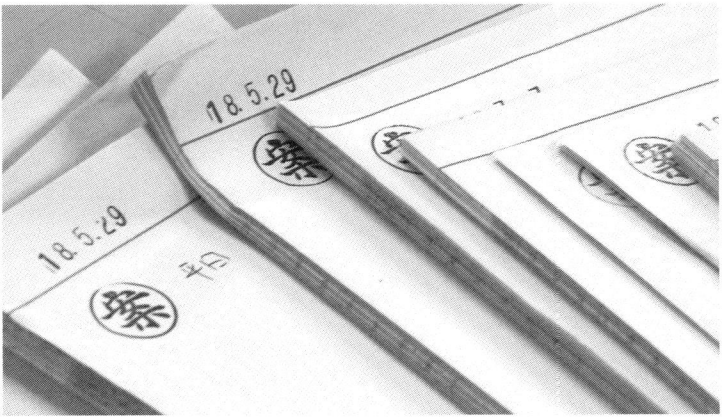

毎日のようにダイヤをつくり直す生活が続いた。

南北線は、東京都の北区から目黒区までを南北にむすぶ路線で、電車の遅れが目立っていました。

遅れの原因は何か。牛田さんは、確認のために現場に向かいました。

そこで、牛田さんは見すごせない光景を目にします。乗客がホームの端に集中し、遅れの原因になっていたのです。街の再開発で人の流れが変わったことに、電車の運行が対応できていませんでした。

牛田さんは混雑をへらすために、電車を1本増やしたいと考えました。ところが、話はそうかんたんではありません。

まず、車両の整備をしている車両基地の

了解が必要です。牛田さんは、基地に交渉しました。しかし、整備の時間が確保できないので、増発はできないというこたえが返ってきました。

それでも牛田さんはあきらめません。整備の現場にかよって直接話を聞き、ダイヤの修正案を見せ、増発の必要性を説明しました。断られると、ダイヤをつくり直してもっていき、また断られる。それが何十回も続きました。

ダイヤの修正案が70ほどになったとき、整備の責任者が言いました。

「お客様のために、おたがい、がんばりましょう」

ついに、牛田さんの希望が聞き入れられたのです。新しく1本の電車の増発がみとめられました。

1本増発した新しいダイヤになると、南北線の遅れは目に見えて減少。この仕事が、サラリーマンとしての牛田さんの生き方を決定づけました。

スジ屋は過酷な仕事です。

秒単位のダイヤ調整に神経をとがらせ、社内、社外とのむずかしい調整や交渉にも当たらなければなりません。そして、電車の運行は順調であたりまえ。少しでも問題があれば、とたんに苦情が飛んできます。

それでも、サラリーマンとして、スジ屋として、あたえられた役割をまっとうするために、つねに前を向いて全力をつくす。牛田さんの心は固まりました。

✳完璧なダイヤをめざして

２００９年11月。牛田さんの周囲は、あわただしさを増していました。

翌年3月のダイヤ改正をひかえて、作業の最終段階に入っているのです。スジ屋の最年長である牛田さんも、打ちあわせ続き。その席上で、上司が確認しました。

「東西線については、改正しないということで、いいね」

東西線は安定した運行が続き、牛田さんがつくった２００９年度のダイヤは、高く評価されています。しかし牛田さんは、思いがけないことを言いだしました。

「30秒程度の調整で、遅れがもう少し改善できそうなところがあれば、その範囲で小さな時刻修正をすることを考えています」

実は最近まで牛田さん自身も、上司と同じようにダイヤ改正の必要はないと考えていました。ところが、数日前に届いたあるデータを見て、気持ちが変わりはじめていたのです。

そのデータは「クロマティックダイヤ」。牛田さんと大学の研究者が、共同で開発した新しい指標です。

クロマティックダイヤは、5か月間の電車の遅れの傾向を、ダイヤのスジごとに青〜緑〜黄色〜赤と段階的に色をつけてしめしたものです。青は、予定どおりの運行、赤みが増すほど、遅れが多いことをしめします。

このクロマティックダイヤで、いままで気づかなかった遅れが見えてきました。たとえば、終電間際のある1本の電車。前後の電車は青でしめされ、遅れがほとんどないのに、この電車だけ緑。平均1分ほど遅れているのです。前の電車との間隔が少しあいているために、乗客が集中して、混雑のために遅れるのだろうと、牛田さんは推測しました。

こうした気になる遅れが、同じダイヤの中にいくつか見つかっています。どれも

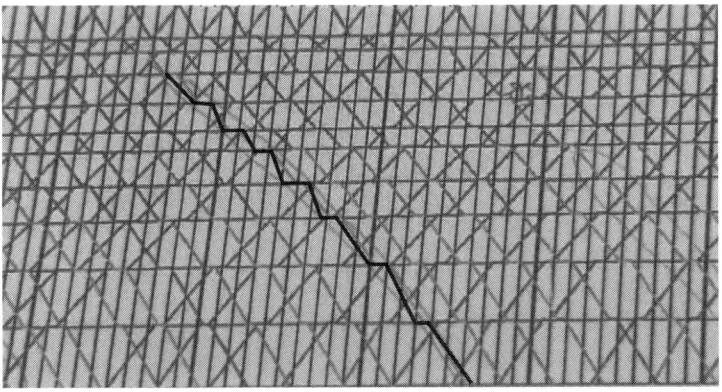

クロマティックダイヤによって、不規則に１本だけ遅れている電車が浮かび上がってきた。

それほど大きい遅れではありません。修正しようとすると、直通運転をおこなうほかの会社の電車との調整が必要になることもあります。そして、改正作業はもう最終段階に入っていて、そういった調整をする時間がありません。

でもやはり気になる……。迷った末、牛田さんは、ある1本の電車にしぼって、修正を検討しはじめました。

それは、夕方、飯田橋駅に到着する電車です。遅れは平均1分。わずかな遅れですが、乗客が帰宅を急ぐ時間帯なので、少しでも改善できるならやるべきではないか、と牛田さんは考えたのです。

✳大きな「たった15秒」

発車時間を15秒くり上げれば、遅れを改善できる。そう考えた牛田さんは、受話器をとり上げ、あちこちの部署に電話をかけはじめました。この15秒のくり上げが、社内の各部署にあたえる影響を調べるのです。上司に改正の提案をする前に、その影響を把握しておきたいと考えていました。

そして、いつものように現場を確認。飯田橋駅に向かいます。問題の電車と、その前後の電車の状況をチェックします。

牛田さんが着目したのは、前後の電車との間隔です。この時間帯は、東西線はおよそ3分ごとに運行していますが、問題の電車とその前の電車のあいだは、3分20秒あいています。まち時間が長い分、乗客がホームにたまり電車が混雑する。それが遅れの原因だと牛田さんは予測していました。

前の電車がホームに入ってきます。それほど混雑していません。

（次の電車がこの電車より混んでいて、さらにその次の電車がこの電車と同じ程度にすいていれば、次の電車の発車時間を調整して、混雑を均等にする必要がある）と考え、牛田さんは次の電車をまちます。次の電車は、データでしめされたとおり、遅れて六ームに入ってきました。車内に目をこらす牛田さん。前の電車とくらべると、一部の車両がかなり混雑しています。そして、遅れは70秒。

その次の電車は、さっきの電車にくらべると明らかにすいていました。

予想どおり。牛田さんは、このことを上司に報告して、ダイヤの改正を相談することに決めました。

たった1本の電車の、たった15秒のためのダイヤ改正。ほとんど前例がありません。でも、よりよいダイヤのためにやる価値はある、と牛田さんは考えていました。

「可能であれば、1本だけ、修正をかけたい列車があります」

牛田さんが改正の希望を伝えると、上司は考えこんでしまいました。

「1本だけ、しかも帰宅ラッシュとは逆の方向でしょ？」

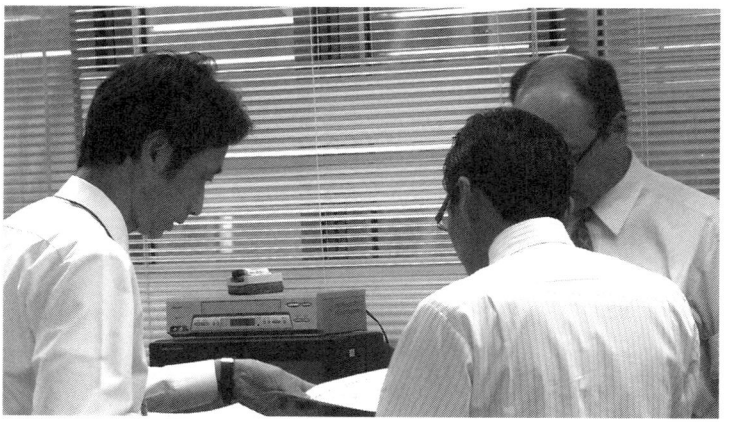

ほとんど前例のない、電車１本だけのダイヤ改正。しかし、やる意味はある。

ダイヤを見ながら、上司が確認しました。

「他社への影響はないの？」

「いえ、お願いが発生します」

ダイヤの改正は、たとえ変更する列車が１本だけであっても、直通運転をおこなう他社や、社内のさまざまな部署との調整に、労力と時間がかかります。それだけの価値や効果が、この改正にあるか。上司は、確信がもてないと言いました。

牛田さんは、あきらめません。

「それでは、来年の改正ということも視野に入れて、部長に報告してみます」

そう言って、こんどは部長のところに向かいました。

牛田さんの報告を聞いた部長は、小さな問題も見すごさず修正しようという、牛田さんの積極的な姿勢は評価しましたが、改正に当たってひとつ注文をつけました。

「ほかにもそういう遅れがないか徹底的に調べてくれ。あとから追加というのはこまるよ」

新しいデータから浮かび上がる問題点を把握し、しっかりほり下げるようにという指示でした。

大きな課題です。いつもおだやかな牛田さんの表情がはりつめてきました。

牛田さんには、クロマティックダイヤで洗いだした遅れの検証のために、ひとつ、確認したいことがありました。それは、今回改正したいと考えている電車の遅れの原因とも考えられる、「電車の運行間隔」です。

運行間隔のばらつきが混雑をひきおこし、電車が遅れている可能性があります。運行間隔を徹底して洗い直すことで、改善の必要な点が見つかるかもしれません。

牛田さんは、オフィスにこもりました。そして、夕方以降の混雑する時間帯に運行している、すべての列車の運行間隔を、一つひとつそろばんで計算していきます。

3日後、結果がでました。牛田さんが見つけた運行間隔のばらつきは11か所。現状は、それほど大きな遅れにはつながっていません。

でも牛田さんは、完璧だと思っていた自分のダイヤに、まだそれだけの問題点があったことをくやしく思いました。ぎりぎりまでねばって検討を続けてきたのに、ここで改正をあきらめるのも残念です。

しかし、改正の最終段階であるこの時期に、11か所の修正をはじめることはとてもむずかしい、ということもわかっていました。

牛田さんは上司との打ちあわせにのぞみました。今回検討した、運行時間のばらつきの調査の結果をしめして報告します。

「先日ご報告したのと同じような運行間隔のばらつきが、さらに見つかりました。11か所あります。これについては、1件ずつていねいに調べて、遅れの原因を確認しながら運行間隔の調整をしたいと思います。その上で、あらためて全体的にダイヤを修正すべきだと考えました。いま、急いで1本の修正をするより、次回の改正

サラリーマンは、スジを通せ

牛田貢平（うしだこうへい）

使う人が快適（かいてき）になるなら、少しでもよいダイヤにしていきたい。

でしっかりととのえます」

牛田さんは、改正を見送ることを決断したのです。どのように自分の気持ちを納得させたのでしょうか？

「自分が直すべきだと思ったところは、徹底的に直したいと思ったんです。気がついたところは全部直したい。お客様にとっていまより少しでも状況がよくなるのであれば、絶対にやりたいので、じっくり取り組みます」

時間をかけて徹底的に検証をおこない、牛田さんは次の改正にのぞみます。完璧なダイヤをめざして妥協のないスジを書くのです。

牛田さんの現場回りの毎日が再開しました。

日々変化し続ける東京の街と、人々の暮らし。牛田さんは、ホームの片すみに立ち、無数のスジが織りなすダイヤの上に、人々の暮らしを見つめ続けます。

プロフェッショナルとは

課題解決のために、いままでの考え方に
しばられず、そのとき最適な方法を
生みだすことができる人。
また、そのための努力をおこたらない人。

第135回2010年2月2日放送

こんなところがプロフェッショナル！

スジ屋の仕事に全身全霊で打ちこむ、牛田貢平さん。
こんなところがすごいよ。

徹底した現場主義

これまでの実績にとらわれず、実際の駅や乗客の変化にあわせた方法を考えるのが牛田さんのやり方。東西線のダイヤ改正の際は、朝のラッシュのすべての電車に乗り、すべての駅の状況を記録して、停車時間を決めていきました。

紙を破るモノマネ

牛田さんにはユニークな芸があります。それは、紙を破る音のモノマネ。新しい職場の人には、これで顔と名前をおぼえてもらえるのだそうです。社内外での調整や協力が必要なスジ屋には、ときにユーモアも役に立つのです。

別のものにおきかえて考える

案を考えるときは、まったく別のものからヒントを得ることが多いという牛田さん。たまたま入った回転ずし屋で、お皿の流れを電車に見立てているうちに、ダイヤ改正の案が浮かんだこともあるそうです。

仕事への意地

周囲からの高い評価を上げながらも、自分にはまったくスジ屋の仕事は向いていない、と言う牛田さん。それでもとことん妥協せずダイヤをつくり続けてきたのは、お客さんにとって少しでもよいダイヤをつくりたいという、意地とも言えるような信念からでした。

プロフェッショナルの格言

鉄道ダイヤを作成する、牛田貢平さんのことばを心にきざもう。

数字だけでは、わからないことがある

計算上ではうまくいっているように見えるダイヤでも、実際の状況を確認することで、その問題点に気がつくといいます。牛田さんはくり返し現場にかよいつめ、秒単位でダイヤを調整していきます。

乗客のためのダイヤをつくる

牛田さんがスジをひくときは、鉄道会社の都合よりも、乗客への負担が少ないことを何よりだいじにしています。その妥協のない努力で、東西線の乗客からの苦情を10分の1にまでへらすことに成功しました。

サラリーマンの、スジを通す

会社が変わらない不満を人のせいにせず、自分が動いて変えていくのだ、と決めた牛田さん。会社にあたえられたスジ屋という役割の中で、つねに前を向いて、全力をつくしていきます。

港のエース、ガンマンの絆（きずな）

クレーン運転士

上坪茂（かみあくつしげる）

日本の貿易のかなめ、横浜港。
毎日たくさんの大きな貨物船が出入りするこの港に、
ひときわ目をひく巨大なクレーンがある。
全長127メートルのガントリークレーン。
何十トンもの重さのコンテナをつって運ぶクレーンである。
このクレーンの運転士は、通称「ガンマン」。港の花形だ。
横浜港には、ガンマンの中でもエースとよばれる腕利きのクレーン運転士がいる。
圧倒的なスピードと、自由自在にコンテナをあやつる技術で、
巨大なコンテナをぴったりと積み上げていく。
世界の船乗りたちをおどろかせる、そのすご腕のエースは、
地上50メートルの運転席でコンテナをあやつりながら、
何を考え、何を見ているのだろうか。

✳港のエースとよばれて

暮らしの中にあふれる、外国からの輸入品。そして、海外で販売されるメイド・イン・ジャパンの製品。これらの99％以上は、船で運ばれています。全国各地の港には、毎日、食料品から工業用の原材料まで、さまざまな品物をおさめたコンテナを積み、たくさんの船が行きかいます。

そんな港のひとつ、神奈川県の横浜港。年間3万隻以上の船が出入りする、巨大な港です。横浜港には船をつけて貨物の上げおろしをすることのできる埠頭が8つありますが、その中のひとつ南本牧埠頭は、年間50万本のコンテナをあつかう重要な物流拠点。荷物をあつかうスピードは、世界的にも飛びぬけた速さです。

その主役をになうのが、6機のガントリークレーン。1本何十トンという大きなコンテナをつって、船から港へ、また港から船へと運ぶクレーンです。くっきりとした赤と白のしま模様を青空に際立たせ、港にそびえ立つガントリークレーンの全長は127メートル。長い首を空につきだしているような姿から、「港のキリン」

「港のキリン」ともよばれる、ガントリークレーン。

ともよばれています。

ガントリークレーンをあつかうことができるのは、港にあるすべての機械を運転できる人、その中でも特別に機械操作のセンスのすぐれた人にかぎられます。港の男たちはこのクレーンの運転士を、あこがれをこめて「ガンマン」とよんでいます。

そのひとりが、上圷茂さん。南本牧埠頭のエースとよばれるガンマンです。

クレーンの運転室は、地上50メートルの高さにあります。運転室まではエレベーターで上り、最後は数メートルのブリッジをわたります。15階建てのマンションと同じくらいの高さにかかるせまいブリッジの両脇には、かんたんなさくがあるだけ。でも、きりっと口ひげを切りそろえた、いさましそうな上圷さんは、ゆったりとわたっていきます。

運転室はたたみ2畳くらいの広さ。モノレールのようにレールにぶら下がっていて、前後に移動できるようになっています。せまい運転室には、運転席であるイスと、操縦のための機械類があり、運転席のゆかはガラスばりです。

この運転室はワイヤーと連動していて、ワイヤーの下にはコンテナをつかむスプレッダーがあります。運転士はガラスのゆかごしに下をのぞきこみ、位置を確認しながらワイヤーとスプレッダーを操作し、コンテナを運ぶのです。

上圷さんが運転席に座りました。運転席に設置されたマイクに向かって、

「よろしく！」

と威勢よくあいさつします。すぐにスピーカーから、

「よろしくお願いします」

と返事が返ってきました

返事をしてきたのは、クレーンの下で、船の中のコンテナの位置や状態の確認を

する作業員、デッキマン。ガンマンにコンテナのようすを伝えてくれます。

コンテナの移動は、そのほかにもたくさんの作業員との共同作業です。積まれたコンテナにロックをかけて固定するラッシャー。コンテナを運んでくるトレーラーの運転手。

こうしたスタッフたちとクレーンをあやつるガンマンが、連係して仕事をしているのです。

港の仕事は時間との戦い。作業の効率がよいほど、たくさんのコンテナを運ぶことができます。安全を確保した上でできるかぎりスピードを上げる。スタッフ全員の秒

■ 共同作業でおこなう貨物の積みおろし

単位の連係プレーです。

その連係のかなめがガンマン。何十トンものコンテナをつり上げ、おろすその作業には、全スタッフの安全がかかっています。大きなプレッシャーの中での、集中を要する作業となるため、ガンマンは2時間の交代制です。

クレーンをあやつりはじめた上坪さん。

「おろすよ」

と、マイクに向かって言うと、つっているコンテナを下におろしはじめました。

操作につかうのは、おもに運転席の両脇の2本のレバー。左のレバーで運転席とワイヤーを前後に移動させ、右のレバーでワ

直径10センチの穴へ、正確に、やさしくコンテナをおろす。

イヤーを上げたり下げたりします。

コンテナをおろすときの目印は、下にあるコンテナの上部の四すみにあいた、直径10センチの穴。おろすコンテナの底の四すみの突起が、その4つの穴にぴったりはまるようにおろします。4つとも正確に入らなければ、コンテナを固定できません。

地上50メートルの運転席からねらう、わずか10センチの4つの的。しかし、上坪さんは、レバーをあやつり、苦もなく命中させてしまいます。そしてそのスピードは、世界平均の1.5倍。ふつうのガンマンがコンテナを2本運ぶあいだに、上坪さんは3本運んでしまうのです。

ばつぐんの正確さと速さを誇る上坪さんの運転には、大きな特徴があります。

コンテナを着地させる直前に、一度停止させ、その後ゆっくりおろしているのです。この独特の運転は、上坪さんがトップガンマンとしてかかげる理想から生まれました。

やさしくて一流

正確さやスピードがすぐれているのは、仕事であればあたりまえ。そこにやさしさがなければ一流とはいえないと、上坪さんは考えています。

人の手でのせたようなやさしさでコンテナを積む。上坪さんがめざしているのは、そんな運転です。実際、上坪さんがコンテナを積むときの音は、何十トンもの鉄のコンテナの音とは思えない静かな音です。

上坪さんが「やさしさ」を心がけるのは、コンテナの中身への配慮からだけではありません。

重いコンテナが乱暴におろされると、車の衝突と同じくらいの衝撃があります。クレーンの下でコンテナを見守っているデッキマンたちは、その衝撃を間近で受け続けなければなりません。上坪さんは、そういう仲間たちの受ける負担を思いやっているのです。

あるデッキマンは、こう話します。

「３００本のコンテナを、３００回ガッシャーンとおかれるのと、３００回そっとおかれるのでは、ぼくらのようなそれを受ける側の精神的なストレスは、全然ちがいます」

スピードを求められる作業の中で、あえてやさしさにこだわる上坪さん。そのやさしさは、結果的には効率にもつながっていくと上坪さんは言います。

「やさしい運転をすれば、それを受けて働く者はみんな気持ちが乗ってきます。気持ちが乗ってくると時間も短く感じるし、作業も早く終わる。効率っていうのは、いい仕事のあとについてくるものなんだと思いますよ」

そう話す上坪さんは、とてもやさしい目をしていました。

＊＊＊

ある夜、横浜港に強風が吹き荒れました。風速15メートル。クレーンでの作業が中止になるぎりぎりの風速です。こうした危険な条件での運転には、いつも以上の緊張がともないます。

上坪さんが運転席から下を見下ろすと、コンテナをつかむスプレッダーが風で大きくゆれています。それでも船は予定どおり埠頭に入ってきました。安全に、そしてすばやく貨物を船に積みこまなければなりません。

船内のコンテナのおき場所は、すでに積みこまれたほかのコンテナに囲まれた、せまいスペース。その上、両脇には足場が組まれています。コンテナのスペースと足場のあいだには、50センチの間隔しかありません。コンテナが50センチ以上ゆれれば、コンテナが足場を直撃してしまいます。足場には、コンテナを固定する作業に当たる数人のラッシャー。彼らの安全が上坪さんの腕にかかっているのです。

運ぶコンテナの数は、160本です。風向きとゆれを予測しながら、1本ずつ完璧

みがいた技術で、次々とコンテナをおろす上坪さん。

におろしていかなければなりません。

こんな緊迫した局面でも、上坪さんはおじけづきません。

せめてこそ守れる安全がある

慎重になりすぎてタイミングを外してしまうことがある、と上坪さんは言います。ためらってスピードを落としすぎると、かえってまともに風を受けてあおられる危険が増すのです。

だから、せめる気持ちで、タイミングをのがさない。上坪さんは、そんなせめの運転で、スタッフと貨物の安全を守ります。

きりっと下を見つめ、タイミングを見計らい、次々にコンテナをおろしていく上坪さん。ふつうの条件なら1時間に50本運ぶところ、この日は1時間48本。わずかに遅れましたが、時間内に予定のコンテナを運びきりました。

エースの名にふさわしい、みごとな仕事でした。

✳命を背負う

上坪さんは、神奈川県相模原で生まれました。

小さい頃から大の負けずぎらい。中学、高校は野球部で、ずっと補欠でしたが、だれよりも熱心に練習する少年でした。

高校卒業後、新聞の求人広告を見て港の仕事に応募しました。

勤務初日、上坪さんをまち受けていた仕事は「バンづめ」。コンテナに荷物を手で積みこむ作業です。荷物は、重いものだと70キロほど。それを一日中運ぶというすさまじい力仕事でした。一日その仕事をすると、次の日には手がむくんで服のボタンをかけられません。指が自由に曲がらないのです。

（すごいところだな……）

上坪さんは、港の仕事のきびしさにめんくらいました。

そんな新人の上坪さんがあこがれたのが、毎日仕事場で見上げるガントリークレーンをあやつる港の花形、ガンマンでした。

ガンマンになるには、機械操作の飛びぬけたセンス、プレッシャーに負けない心の強さ、港のあらゆる機械の運転経験が必須。その上で、先輩に「あいつならできる」とみとめられなければなりません。

上坪さんは、ひとつずつ機械の免許をとり、運転の腕をみがいていきました。そして、仕事をはじめてから9年、ついに念願のガンマンに抜擢されます。

結婚し、子どももふたり誕生。上坪さんは人生の充実を感じていました。

ところがそんな矢先、事故がおきました。

ガンマンになって9年目のある日、上坪さんはクレーンには乗らず、船の上でコンテナの確認をするデッキマンの仕事を担当していました。次に運ぶコンテナを準備するために、上坪さんがクレーンから目をはなしたわずかな時間に、コンテナのあいだにひとりの船員がはさまれ、亡くなってしまったのです。船内作業を指揮していた上坪さんは、ぼうぜんとしました。

（これは、本当におきたことなのか。夢じゃないのか……）

ひとつの命が、自分の持ち場で失われたという事実は大きすぎて、受け止めきれません。気持ちの整理がつかず、精神的に不安定になりました。

せめて仕事をやめて、責任をとりたいとも思いました。しかし、それでとり返しのつくことではないと思い悩みます。

そして、もうひとつ気にかかったのは、クレーンを運転していた後輩のことです。ずっとかわいがってきた後輩が落ちこんで立ち直れずにいる姿を見ても、上坪さんは何もしてあげられません。そのことにも重い責任を感じました。

（おれがもどらないと、あいつももどれない）

上坪さんの心も傷つき折れていましたが、後輩を立ち直らせるためには、自分が立ち上がらなければいけないと覚悟を決めました。そのときのことを、上坪さんはこう話します。

「つぐないたくても、とり返しはつきません。ひとつの命がなくなったわけですから。それなら背負い続けなければいけないと思ったんです。あの事故から逃げずに、背負って、もう一度クレーンに乗ろうと」

再びクレーンに乗り、レバーをにぎったときは、ふるえが止まりませんでした。

よみがえる事故の記憶。その恐怖にたえ、上坪さんはクレーンに乗り続けました。

平静な心でクレーンに乗れるようになるまでに8年。その8年のあいだにわき上がってきたのは、きびしい作業をともにする、仲間たちへの感謝でした。

何十トンもの鉄のかたまりを、危険に身をさらしてもくもくと受けとってくれる仲間たち。彼らは事故のあと、上坪さんをなぐさめたりはげましたりすることはありませんでした。でも、以前のまま上坪さんの腕を信じて、命をゆだねてくれます。その信頼こそが仲間たちのやさしさ。上坪さんにとっては何よりもありがたいものでした。その仲間たちのために、上坪さんは決意しました。

仲間のために、技をきわめる

それからの上坪さんは、ひたすらクレーンの技術をみがくようになりました。その技術が大切な仲間たちの命を守り、彼らのやさしさと信頼にこたえることにつながると知ったからです。

上坪さんのひたむきな努力は、いまも続いています。

✳吹雪の港の戦い

2月のある日。横浜港が静かに緊張していました。

この日は朝から雪。予報では、激しい風をともなって荒れた天気になるおそれがあると、注意をよびかけていました。

雪がふっても物流は止まりません。朝8時半、9万トンのコンテナ船が、南本牧埠頭に到着。夕方までに荷物の積みおろしを完了させなければなりません。作業の行程表を確認する上坪さん。この日積みおろすコンテナの数は４００本ほどです。荷物量の多い金曜日であることも重なって、作業はきびしいものになりそうでした。

午前中の作業のため、上坪さんが運転室に向かいます。風速はすでに10メートルほど。これ以上荒れないうちに、できるかぎり作業を進めていきたいところです。

雪の中での作業がはじまりました。

（やっぱり、船の底が見づらいな）

空中を舞う雪で、距離感がつかみにくいのです。コンテナがいつもより遠く見え、高さの感覚がくるいます。上坪さんは、いつもより高い位置でコンテナを止め、ゆっくり下げながら感覚をあわせていきます。

しかし、作業は順調に進みません。コンテナを運ぶトレーラーがあらわれないのです。雪でスリップするため、トレーラーはスピードをだせずに遅れていました。

（きっと、あせって必死で走ってきてるんだろうな）

コンテナをつり下げたまま、上坪さんは、トレーラーの気持ちを想像しています。刻々とすぎていく貴重な時間。しかし、上坪さんはあせりを外にだしません。ほかの作業員にストレスをかけないよう、心を

けっしてあせりを見せない、運転席の上坪さん。

配っています。やっと到着したトレーラーに、いつもよりさらにていねいにコンテナをのせ、マイクに向かって、

「おつかれさま！」

と、明るい声をかけました。地上の作業員からもあいさつが返ってきます。

午前中の作業が終わりました。運んだコンテナは147本。担当である400本の半分にも届きませんでした。上坪さんは、午後に巻き返そうと決めます。

（午後は全部一発で決めるつもりでいく。1本1本、確実にやってやるぞ！）

しかし、午後になると雪は激しさを増し、午後3時には、数年に一度という大雪になりました。上坪さんが、午後の作業のために運転席に座り、下をのぞきこむと、もう船底は雪でかすんでほとんど見えません。

「はい、よろしく！」

いつもどおりのあいさつから、最悪の条件の中での作業がはじまりました。

クレーン操作にもっとも大切な高さの感覚。それを、この雪の中でどれだけ正確

に維持できるかがポイントとなります。船底から湯気が立ちのぼるように吹き上がってくる雪に、思わず、

「うわー……」

と声を上げる上坪さん。下のようすに目をこらします。

「入ったか？」

マイクでデッキマンにコンテナの状態を確認。雪で視界が悪くなり、目で高さを判断するのはむずかしくなっていました。かんにたよっての運転です。

そんな中で上坪さんは、自分にひとつのことを言い聞かせていました。

たんたんと、いつもどおりに

冷たい雪と強い風にさらされて、地上の作業員たちはくたくたになっています。作業が遅れ、あせりも生まれています。こんなときに全員を落ち着かせ、集中させるのがガンマンの役目です。

「入ってる？　そっちからも、もう見えないか。きついよな」

気負いのない口調で、こまめに地上のスタッフに話しかける上坪さん。上坪さんは、運転には思った以上に感情がでてしまう、と言います。だから、自分のあせりや不安をおさえこみ、悪条件の中でもあえてたんたんといつもどおりの運転を見せることで、仲間たちを安心させたいと考えているのです。

しかし、作業開始から30分ほどたったとき、思いがけない事態に見まわれました。クレーンに不具合がおきたのです。ワイヤーの長さを調節する機械がうまく機能しません。

数本のワイヤーの長さが不ぞろいになり、つり下げられたコンテナがかたむいてしまっています。かたむいたままでは、決められた位置にうまくおさめられません。いったんコンテナを元の場所にもどすことも考えましたが、すでにそこでは次のコンテナの運びこみの作業がはじまっています。あともどりはできそうにありませんでした。

重さ30トンのかたむいたコンテナをつり下げ、吹雪に包まれた運転室で、上坪さんはうなりました。このままコンテナをおろすしかありません。

なんとかしてコンテナを水平にできないか？　しばらく考えこんだ上坪さんは、コンテナに振動をあたえて、水平にもどそうと思いつきました。コンテナを動かして、なんどか壁に当ててみます。しかし、状況は変わりませんでした。

「いよいよ、ちょっとまずいね……」

ひとりごとが増えます。

こんどはコンテナのワイヤーを全部巻き上げてしまって、水平にしようとしましたが、だめです。やはりコンテナはかたむいたまま水平にはもどりません。

大ピンチ。しかし、上坪さんはあきらめません。

（おれの技術を全部つかってやる！）

新しい方法を思いつきました。ひとつの角だけでも正しい位置に固定できれば、コンテナはななめのままでもうまくおろせる可能性があります。上坪さんは、コンテナを入れるスペースの目安としているレールに角を当てようと、コンテナを小きざみにゆらしはじめました。上坪さんのレバー操作にあわせて、小さくゆれるコンテナ。ゆれが大きくなりすぎないよう、上坪さんは慎重にコントロールします。

■ 上坪さんが思いついた方法

横から見たコンテナ

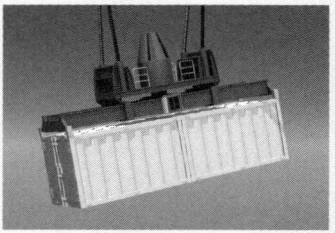

上から見たコンテナ

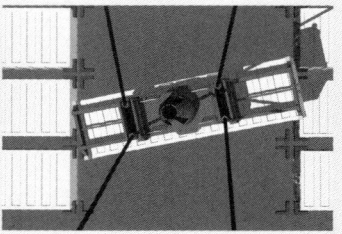

コンテナがななめにかたむいてしまい、決められたレールの中に入れられません。

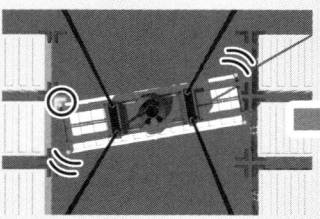

上坪さんは、ひとつの角をレールに当てて止め、そこを支点にしてコンテナをゆらすことを思いつきました。

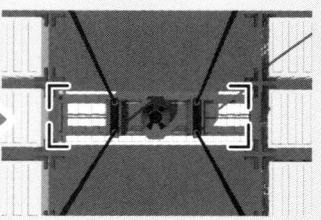

すべての角がレールの正しい位置を通る瞬間にワイヤーをおろせば、コンテナを積みこめる可能性があります。

すると、コンテナのひとつの角がうまくレールに当たりました。そこを支点にして、ゆるやかに回転しはじめたコンテナ。上坪さんは、すべての角が正しい位置を通る一瞬をのがさず、ワイヤーをおろします。

「入った？」

確認する上坪さん。デッキマンからのこたえは「OK」！

吹雪と機械のトラブルという悪条件の中、ついにねじこんだのです。経験と技術を積んだ、上坪さんならではの仕事でした。

コンテナからはなしたワイヤーは、もう動かなくなっていました。コンテナをつかんでいたスプレッダーも大きくかたむいたままです。この状態では、これ以上作業は継続できません。機械のメンテナンス係をよぶことになりました。

そして10分後。吹雪のため、すべての作業の中断が決定。上坪さんが積みこんだコンテナは、まさにぎりぎりの1本だったのです。

作業員の待機所にもどった上坪さんは、静かな表情でこの日の運転をふりかえります。むずかしい局面を乗りこえましたが、目標の本数は達成できませんでした。

上坏さんは、満足より課題を感じています。

「こんなふうに、にえきらないまま終わる日がけっこうあるんですけど。まあ、いつか見てろ、という気持ちですね」

上坏さんの目は、明日の、そしてもっと先の仕事を見すえているようです。

上坏さんにとって、仕事は単純作業ではありません。つねに自分なりに課題を見つけて、克服していくことこそが仕事。課題があるかぎり、上坏さんの進化が止まることはありません。

港の男たちのあこがれ、ガンマンは、仲間たちの命を背負い、技術の高みをめざして戦い続けるのです。

プロフェッショナルとは

できることを、たんたんとやる人間。
そして、できることを、限界までとこ
とん追い求めていく人間だと思います。

第229回2014年4月14日放送

こんなところがプロフェッショナル！

腕利きのクレーン運転士、上坪茂さん。
そのほかにもこんなところがすごいよ。

日々、体力づくりを続ける

体力・集中力・視力を非常につかうため、50歳が限界だといわれるクレーンの運転。上坪さんは、50歳をすぎてもガンマンを続けたいと考えているため、毎日欠かさず筋トレをおこない、体調管理に気をぬきません。

トレーラーの運転は欠かさない

クレーンを運転するガンマンになっても、上坪さんは、コンテナを積むトレーラーを運転します。港のさまざまな機械に乗ることで、働くスタッフの気持ちが、おたがいにわかるのだと言います。

待機中はリラックス

極限の集中力が求められるガントリークレーンの運転では、休憩することもだいじな仕事のひとつ。仲間と冗談を飛ばしたり、意識して何も考えないようにしたりして、次の勤務に備えていきます。

めざすのは、けっして動じないガンマン

上圷さんは「可能なかぎりガンマンを続けたい」と語ります。めざしているのは、どんなにきびしい条件でも、一定の感情で、安定した運転ができるガンマン。それは、ベテランである自分にこそはたせる役割だと考えています。

プロフェッショナルの格言

クレーン運転士、上坪茂さんのことばを心にきざもう。

やさしさがなければ一流とはいえない

上坪さんはクレーンを運転するとき、正確さとスピードだけではなく、静かな音でのやさしい作業にこだわっています。仲間の負担やストレスをやわらげることが、結果的には効率にもつながっていくのです。

せめる気持ちで、タイミングをのがさない

ためらってスピードを落とすと、かえって危険が増すこともあるクレーンの作業。上坪さんは、作業員や貨物の安全を守るため、慎重にならなければいけないときこそ、せめる気持ちで運転をしています。

たんたんと、いつもどおりに

クレーンの運転は、自分が思っている以上にあせりや不安の感情がでてしまうという上坪さん。地上で作業する仲間を安心させるため、どんな条件下でも、たんたんと、いつもどおりの運転を続けています。

人生で大事なことは、ここにある

保育士
野島千恵子（のじまちえこ）

少子化、保育園不足、家族の形の多様化など、
さまざまなむずかしい問題をかかえる現代の子育て。
そんな中、子どもたちの人気者として輝き、
保護者たちからも大きな信頼を寄せられる保育士がいる。
その、保育歴40年のベテラン保育士は、
年齢も能力もさまざまな子どもたちを同じグループで育てるという、
独自の保育法を発案。
3000人の子どもたちに本気でぶつかりながら、
手探りで保育の道を切り開き、つらぬいてきた。
彼女が子どもたちに授けるものは、なんだろうか？
子どもの成長を導く保育士として、つらぬく信念は何か？

✳みんないっしょに大きくなる

大阪市東淀川区のこども園。朝の登園時間は、いそがしくにぎやかです。

そんな中、保育室に入ってきたひとりの女性に気づいた子どもが、

「おはよう、チェリーボンボン」

と言います。女性は、

「おはよう、ニタンダ君」

とあいさつを返しました。そして、ぱちんとハイタッチ。

「チェリーボンボン」とよばれているのは、保育士の野島千恵子さん。

名前の「チエコ」が「チェリー」になり、なぜか「ボンボン」がついたこの不思議なあだ名は、だれが教えるわけでもないのに、長年子どもたちのあいだに伝わっている野島さんのよび方です。

園のいつもの一日がはじまりました。

野島千恵子

野島さんの勤務先は認定こども園。保育所と幼稚園の機能をあわせもつ施設です。0歳から5歳までの子ども160人がかよっています。

野島さんはキャリア40年のベテラン保育士で、これまでに3000人以上の子どもたちを育ててきました。

野島さんの保育の手法は、「インクルーシブ保育」とよばれるユニークなものです。年齢のちがう子どもや障がいや病気のある子どもを、区別せずに同じグループで育てる保育法で、「共生保育」ともいわれます。

近年広まってきた新しい保育の方法ですが、野島さんが所属している園では、30年以上前からこの手法をとり入れてきました。

年齢や能力のばらばらな子どもたちをあえて同じグループで育てると、自然に子どもたちが、おたがいを助け合うようになります。子ども同士で学び合うことで、生活習慣や社会性を身につけていくことができるのです。

だから野島さんは、なるべく手をだしません。子どもたちが自分で考え実行できるようにサポートをするだけです。インクルーシブ保育を続けた経験から、野島さんは、子どもの力を信じていると言います。

「子どもは考えることができます。だから、おとなはそれを見守ればいい」

子どもたちが自分たちで考え、ささえ合う場をつくるために、野島さんは、子どもたちに次々に課題をあたえます。

4月のある日、野島さんは子どもたちにこんな提案をしました。

「今日は、給食を、グループごとに好きなところで食べようと思うねんけど、どう？」

給食を食べる場所を選ぶという、意見のぶつかりそうなテーマ。子どもたちに、相手を尊重する姿勢を身につけさせることが、この課題のねらいです。

さっそく、輪になって相談をはじめる子どもたち。野島さんは話し合いを見守り、ときには自分の意思をしめせない子どもにも、ほかの子どもたちの注意が向くようにさりげなくサポートしたり、意見がまとまるヒントをあたえたりします。

年長の子どもが、全員の意見をうまくとりまとめて意見が一致したあるグループ。わっともり上がって、さっそく自分たちで決めた場所へ向かいました。

選んだ場所は1階の明るい中庭です。

思わぬトラブルも、自分たちで解決させる野島さん。

ところが問題発生。

給食を食べようと思っていたテーブルが、雨水でびしょぬれです。これでは給食が食べられません。しかし、野島さんは指示をしません。

「これは大変やわ。どうしよ？」

疑問を投げかけ、子どもたちが自分で考えるよう仕向けていきます。

ひとりの子どもが考えつきました。

「バスタオルでふく」

それを受けて、保育士がバスタオルをもってきて子どもたちにわたします。

でも、テーブルは高く、バスタオルは大きく、年少の子どもたちではふくことができません。自然に年長の5歳児ふたりが、タオルを手にイスに乗ってテーブルをふきはじめました。年少の子どもたちは、手をつないでふたりを応援します。

人の中で、人は育つ

年長の子どもたちは、年下の子どものためにがんばることで大きく成長し、年少の子どもたちは、そんな年長の子どもたちの姿をお手本にして育つ、と野島さんは言います。

子どもは、ほかの子どもを教材にして学びます。人の影響を受けて育つのです。そして、それぞれちがう価値観があることに気づきながら、自分の価値観をつくっていきます。野島さんは、その過程をとても重要なものだと考えています。

年齢も能力もばらばらな子どもたちがいっしょにいると、トラブルがおこることもしばしば。

5歳のリンちゃんが泣いています。野島さんが理由をたずねてもこたえませんが、まわりの子どもたちが、3歳のレント君がけったからだと教えてくれました。

野島さんは、レント君をよび、

「なんで、けったん？」

と理由を聞きます。

口をひきむすび、こたえようとしないレント君。しかし、野島さんは動じません。トラブルは成長の絶好のチャンス。この機会に、子どもに自分の問題としっかり向き合わせるのです。

こんどはリンちゃんにたずねます。

「けられる前に、なんか言ったん？」

「『座って』って、言った」

「ふうん。座るの、いややったん？」

レント君に向かって聞くと、レント君はこくんとうなずきました。野島さんは、

「ほな、ちゃんとお口で言わな。お口で言って欲しいな」

レント君の頬を指でつつき、口をあけて話すようながします。

子どもの心に伝わるまで、なんどもなんどもくり返し伝える。

「思ってることは、お口で。ちゃんとお口で言ってよ」

とるべき行動をくり返し伝える野島さん。ついにレント君は小さな声で、

「ごめんね」

と謝りました。野島さんのことばの深い部分が、子どもの心に届いて、形となって返ってきたのです。

子どもには必ず理解できる。そう信じる野島さんは、伝えたいことが子どもに伝わるまで、けっしてあきらめません。

「ここだ、というときに、本人がコトンと納得するまで言い続けるんです。その瞬間をのがさずに、何回も何回も伝え続ける。

そうやって、してはいけないこと、するべきことを、時間をかけて少しずつ理解させるんです。子どもとおとな、どっちが先に根負けするかですよ」

そう言って、野島さんは笑いました。

＊＊＊

新学期から2週間がたった頃、野島さんに気がかりなことができていました。

年長になった5歳児たちが、4歳の気分がぬけきらず、リーダーとしてクラスをひっぱっていけないのです。混乱するクラスの中で、ひとりがんばっているのが、ゼン君。やさしくて責任感の強い、しっかり者です。そんなゼン君に、ほかの5歳児たちはたよりきってしまっていました。

野島さんは、この状況をなんとかしなければいけないと考えています。そこで、子どもたちにこんな提案をしました。

「宝探しゲームしよう。おとな対子どもで、いけへん？」

子どもたちは手をあげて大賛成。子どもたちがかくした宝物を、野島さんたち保育士が探すというゲームがはじまりました。

ゼン君は、リーダーである5歳児が代表で宝物をかくすことを提案し、子どもたちはそれにしたがいました。

ところが、ひとりだけ納得のいかない子がいます。4歳のソウシ君です。自分も宝物をかくしたいと主張します。5歳児たちがかわるがわるなだめますが、聞き入れません。

そのあいだにリーダーたちは、宝物をかくし終わり、野島さんたちが宝物を探しはじめました。子どもたちがもめるのを見ていた野島さん、

「どこにかくしてある？　どこ？」

と、わざと宝物のありかを5歳児以外の子どもたちにたずねます。

すると、ふくれていたソウシ君が、かくし場所を野島さんにばらしてしまいました。このうらぎりに、子どもたちは大さわぎ。5歳児たちがソウシ君をとり囲んでせめ立てたので、たまらずにソウシ君は泣きだしてしまいました。

野島さんが、ソウシ君と5歳児たちを集めます。

野島さんを囲んで話し合い。子ども同士のトラブルは、成長のチャンス。

緊急の話し合い。

まず、ソウシ君の言い分に耳をかたむけさせます。

「リーダーだけが、かくしてた」

それ以上うまく説明できないソウシ君のことばを、野島さんが補います。

「リーダーだけが決めるのがいややった。ぼくもやりたかったんやな？」

せめられる立場になってしまったリーダーたちは、それを決めたのはゼン君だと言いだします。

全責任を負わされたゼン君。みんなにたよられて、ひとりでがんばっていてつらかった気持ちを打ち明けはじめました。

そのことばをじっと聞いていた野島さんは、
「ゼン君、しんどいときにはみんなに『お願い』って、言っていいと思うよ」
と言います。ずっと気をはって無理をしてきたゼン君、涙ぐみます。
「でも、それがあかんと思った」
「弱音はいたらあかんと思ったん？　ゼン君すごいな。がんばってたんやな」
ゼン君の頭にやさしく手をふれる野島さん。ソウシ君とゼン君の気持ちを知ったリーダーたちは、自分たちがどうしたらよかったのか話し合いはじめました。
「宝物、1個だけでも、わたしたらよかった」
「みんなで、じゃんけんして決めたらよかった」
みんなの気持ちを思いやった、やさしい意見がたくさんでてきます。
野島さんは、それをうれしい気持ちで聞いていました。

やわらかい心に

野島さんは、子どもたちに人の多面性を理解させたいと話します。

トラブル解決のあとはみんなでご飯。さっきまでの涙は笑顔に。

「人間はひとつのかたまりじゃない。いろんな面ももっています。そのことを子どもたちに理解して欲しい。こういう子だって決めつけないことがだいじです。子どものうちに、心がやわらかいうちに、他者に対するいろいろな見方が身につけられたら、おとなになったときに生きやすいんじゃないかと思います」

園は、子どもたちにとって社会そのもの。その中で子どもたちは、やわらかな心で、いろいろな人のいろいろな心と向き合い、ゆっくりと成長していきます。

野島さんは、それを力強くささえながら見守っているのです。

開拓者として

野島さんがこの仕事を選んだのは、子どもの頃、やさしい幼稚園の担任の先生にあこがれたからでした。

あんなやさしい先生になりたいと思い続けた野島さんは、20歳で幼稚園に就職。すぐに教育熱心な先生として、保護者の信頼を集めるようになりました。

4年後、転機が訪れます。

野島さんのつとめていた幼稚園が障がいのある子どもを受け入れることになったのです。それにともなって、幼稚園は保育所に変わりました。

保育所になってしばらくのあいだ、障がいのある子どもはほかの子どもたちと別に保育していましたが、野島さんはこのやり方に疑問を感じるようになりました。障がいのある子どもを、ほかの子どもたちが特別な目で見ていることに気づいたからです。

子どもたちの心のかきねをなくしたい。野島さんは新しい保育方法を探りはじめました。

頭に浮かんだのは、自分の子どもの頃のこと。原っぱで、年齢も体格もちがう子どもたちがいっしょに遊んだことでした。ときにはけんかをし、ぶつかり合いながらもおたがいを思いやる心を育んだことを思いだしたのです。

（そういう環境で育てたらどうだろう？）

野島さんは、障がいのある子どもや年齢のちがう子どもたちを、同じグループに入れて行動させることにしました。

成長に差がある子どもたちはなかなかまとまらず、けんかやトラブルが絶えません。一部の保護者からは、発育が遅れるので子どもを年齢別に分けて育てて欲しいと苦情がきました。

それでも野島さんは、応じませんでした。

子どもの力を信じる

おとなに教えられるのではなく、子どもは自分の力で大切なことに気づき成長できるはず。野島さんは、子どもたちの力を信じて新しい保育方法をおし通しました。正解もお手本もない保育法を、日々の実践から得るものによって、少しずつ確かなものにしていきます。自分の子どもも生後2か月で自分の保育所に入れ、ほかの子どもたちといっしょに育てました。

自分の保育法に自分の人生をかけていたのです。

挑戦のはじまりから10年たった頃、野島さんの子宮にガンが見つかりました。手術のため2か月入院します。そのあいだも、子どもたちのところにもどることばかり考えていた野島さん。病気の不安をかかえながら、半年後には職場に復帰しました。

野島さんは、自分の保育法がまだ完成にはほど遠いと感じていました。

（途中であきらめるわけにはいかない）

手術後の体調不良に悩まされながら、野島さんは、自分なりのやり方で子どもたちに向き合い続けます。

年齢のちがう子も障がいのある子も、いっしょのグループで活動する。

53歳のときには夫に先立たれ、61歳では再びガンが見つかりました。それでも野島さんは、子どもの前に笑顔で立ち、自分が正しいと信じる保育をつらぬきました。

そのようにして流れた40年の歳月……。

野島さんが実践してきた保育法は、現在では「インクルーシブ保育」とよばれ、世界の多くの国でおこなわれています。

年齢や能力の異なる子どもたちをいっしょに育てることによって、自分で問題を解決する判断力、行動力、コミュニケーション能力など、社会的な能力をのばすことができると高く評価されているのです。

野島さんの園に子どもをかよわせるた

め、近くに引っ越してくる家庭もあります。また園には、大学などの研究機関やほかの保育所から、見学や視察の人がたくさん訪れています。

野島さんが人生をかけてつくり上げてきた保育法は、全国に広まっているのです。

✳社会を生きる力を

いつもにぎやかな園の中で、ひときわ元気な男の子がいます。ハルト君、4歳。

いま、野島さんが気にかかっている子どもです。

友だちのおもちゃをとり上げたり、遊びをじゃましたり、人のいやがることをしてしまうことがあるハルト君。小さな子どもが自分の欲求だけにしたがってしまうことはよくあることです。でも、来年にはリーダーの年になるハルト君には、人を思いやり、集団で生きる力を身につけて欲しいと野島さんは考えていました。

野島さんは、まずハルト君の両親と面談をおこなうことにしました。家庭でのハルト君のようすを確認するためです。

両親の話から、ハルト君には家庭でも自分勝手な行動が見られることがわかりました。両親も、ハルト君の悪いところばかりが目につくことに悩んでいました。野島さんは、そんな両親の気持ちに寄りそいます。子育てに悩む保護者のケアも、野島さんの大切な仕事なのです。

「しんどかったよね。成長する姿を見ないと納得できへんやろうし。でも、まだ4歳児の4月やから。急には変わらないけど、変わりますよ」

「変わりますか?」

「変わる変わる。悪いところばっかりじゃなくて、いいところも見つけられると思うから、そういうものを積み重ねていったら変わりますよ、子どもは」

両親をそうはげましながら、野島さん自身も、ハルト君が必ず変われると信じていました。

野島さんは、まずリーダーである5歳児たちの手を借りることにしました。ハルト君のいいところを、もっとのばせないか相談したのです。

子どもたちの話から、ハルト君が、よく年下の子どものお世話を手伝ってくれるということがわかりました。ハルト君には、たよられるとがんばるという長所があるらしいのです。野島さんは、さっそくハルト君に、3歳のトキ君のお世話をまかせてみました。

年下の子どものめんどうを見るには、自分の気持ちをおさえて、相手にあわせる必要があります。4歳児には少しむずかしい課題です。

はじめのうちは、トキ君と手をつないでいたハルト君。でも、すぐにトキ君から目をはなしてしまうようになりました。

「あれあれあれ？　トキ君ひとりぼっちやな」

野島さんが声をかけても、ハルト君は自分の興味のあることに夢中。

年下の子どもと手をつないでいるのに、急に自分のペースで走りだすこともあります。ひっぱられていく子どもは、いまにも転びそうです。

「走らない！　走らない！」

ハルト君の肩をつかまえて、歩かせる野島さん。なんどもなんども、相手のペースにあわせなさいと言って聞かせます。しかしハルト君は、なかなか自分の欲求をおさえられるようになりません。

それでも野島さんは信じていました。

ハルト君は、必ず変われる。

野島さんは、新しい試みをはじめました。

親子参観の日に、3歳児と4歳児が数人で汽車になり、5歳児がつくるアーチの下をくぐるという競争ゲームをすることにしたのです。汽車は前の人の肩に手をおいてつながり、はなれてはいけません。

野島さんは、汽車の先頭をハルト君にまかせました。後ろの子どもたちを意識して、ペースをつくらなければならないポジション。グループのまとめ役です。ハルト君に、この大役をはたすことで一段階成長して欲しいと考えているのです。

さっそく練習がはじまりました。

先頭に立ち、じょうずにアーチをくぐりぬけたハルト君。ところが、勢い余って2回アーチをくぐろうとしたために、ほかのグループに負けてしまいました。

「1回やで。1回くぐっておしまい」

同じグループの5歳児ふたりから念をおされるハルト君。調子よく返事をしますが、興奮してしまっています。案の定、2回目もハルト君は同じ失敗をしました。

こまった子どもたちは野島さんに泣きついてきますが、野島さんは

「知らん。わたしの責任じゃない。みんなでちゃんと言わないからやろ」

と、手をだしません。しかたなく子どもたちは、ハルト君を囲んで話し合いをはじめました。

「なんで2回くぐったか言って」

「もういいやろ」

「もういいとか、関係ありません」

「もういい」

長い長い話し合い。相談は、先頭を変えるべきかどうかというところにまでおよ

注意するほうもされるほうもイライラしはじめ、けんか寸前に。

びました。ハルト君はいらいらしはじめ、けんか寸前の雰囲気。野島さんはそんな子どもたちの後ろについていますが、口ははさみません。じっと見守りました。

結局、ハルト君が先頭をやりたがっているとわかった子どもたちは、

「次、2回くぐったらあかんで。1回だけ、くぐるんやで」

と、もう一度ハルト君にまかせることにしました。野島さんは大きくうなずくハルト君の表情を見つめ、そこに、かすかな変化の兆しを見ていました。

親子参観の日がやってきました。

ハルト君は汽車の先頭に立っています。スタートの声がかかり、ハルト君が走りだしました。ところがお母さんの見守る中、はりきりすぎたハルト君、後ろの子の手がはなれるのに気づかずひとりでゴールに飛びこんでしまいます。これではゲームは成立しません。ほかのグループも少しずつミスがあり、競走になりません。

「どうしますか？」

野島さんは、子どもたちに話し合わせます。子どもたちは輪をつくりました。

「もう1回したら、手がはなれないかもしれない」

「もう1回やろう。最初っからやろう」

ハルト君ともう一度がんばろう、という子どもたちの気持ちを、野島さんもくふうであとおし。アーチの数を増やします。たくさんアーチがあれば、ハルト君もあまりスピードがだせないはずだと考えたのです。そして、

「スピードはいらんからね、ゆっくりでいいよ」

と声をかけます。

最後の挑戦。汽車がスタートしました。

話し合いの結果、もう一度がんばると決めた子どもたち。

するとハルト君は、さっきとはまったくちがう落ち着いた走りを見せました。後ろの子どもたちのようすをときどきふりかえりながら、慎重にアーチをくぐっていきます。そして、一度も汽車の列をみだすことなくきれいにゴールしたのです。野島さんは、

「すごいすごい！」

と拍手を送ります。このゴールは、ただのゴールではありません。

社会にふみだした一歩。

ハルト君は自分の役割を理解し、責任をもってそれをはたすことができました。社会の一員としての小さな一歩がふみだされたのです。それは、ハルト君にとって、そしてハ

ルト君を導く野島さんにとって、とても大切な一歩でした。
うれしそうにお母さんのところに走っていくハルト君を、野島さんはもっとうれしい気持ちで見つめていました。

その後、ハルト君は変わりはじめました。まかされたトキ君のお世話をほうりだすことがへり、あたりまえのようにトキ君の給食を運んできます。
「よくできましたー！」
野島さんがハルト君の頬をぎゅっとはさんでほめると、ハルト君ははちきれそうな笑顔を見せます。だれかの役に立つことの喜びを知った、新しい笑顔です。
園という小さな子どもの社会。ここで、これからも野島さんは、ひとり、またひとり、子どもたちの力を信じて、人の中で人を育てていくのです。

プロフェッショナルとは

明日のことはわからなくても、
今日とはちがう、
成長した自分が明日にはあると、
強く信じられる人。

第298回2016年6月20日放送

こんなところがプロフェッショナル！

保育の新しい道を切り開いてきた野島千恵子さん。
こんなところがすごいよ。

問題がおきても指示はしない

子ども同士で何か問題がおきても、野島さんは解決方法を指示しません。疑問を投げかけて子ども自身が考えるように仕向けたり、フォローしたりして、子どもたちの考えをひきだします。

保護者に寄りそう

野島さんは、保護者と保育士の情報交換を大切にしています。仕事後の親と夕食をともにする機会を設けたり、子育てに悩む親に頻繁に声をかけたりして、保護者に寄りそい、問題をひとりでかかえこむことがないように気づかいます。

保育士も育てる

野島さんは、若い保育士たちにも目を配り、指導をおこなっています。保育士たちが働きやすい環境も整備してきました。子どもを預かる保育士が園にだいじにされていないと、保育士が園の子どもをだいじにできないと考えているのです。

おどりもじょうず！

子どもたちがあこがれているおどりを完全コピーする野島さん。そのおどりは子どもたちから大好評。「おどりは園の中でわたしが一番うまいな～と思ってます」と自信もたっぷりです。

プロフェッショナルの格言

ベテラン保育士、野島千恵子さんのことばを心にきざもう。

子どもの力を信じる

「子どもは考えることができます。だからおとなはそれを見守ればいい」と野島さん。子どもの力を信じて、自分たちでものごとを解決する「判断力」や「行動力」をつちかっていく保育を実践しています。

子どもは必ず理解できる

子どもに伝えたいことがあるときは、伝わるまであきらめない野島さん。何回も何回も言い続けていると、あるとき、すとんと子どもの心に落ちるときがある。それを見のがさずに注意をしていくと言います。

人間はいろんな面があることを伝えたい

人間にはいろいろな面があることを、心がやわらかい子どものうちに伝えたいと野島さんは言います。この人はこういう人だと決めつけず、いろいろな見方ができる人になって欲しいと願っているのです。

威信(いしん)をかけて、水道を守る

水道技術者(ぎじゅつしゃ)

笑喜久文(しょうぎひさふみ)

水道栓をあければ、いつでも蛇口から流れでてくるきれいな水。
わたしたちの暮らしに水道は欠かせない。
この水道を、人知れず守っている男がいる。
彼は、地下を通る水道管に耳を澄まして、水のもれる特殊な音を聴き分ける。
機械でも聴き分けのむずかしいこの特殊な技術によって、
日本の水道は大きな水もれ事故から守られているのだ。
さらに彼は、その豊富な経験と高い技術を見こまれ、
水道の改善をめざすミャンマーへ派遣された。
日本とはまったく異なる環境の中、住民に水を届けるため懸命に働く。
過酷な仕事にはげむ彼をささえるものは、なんだろうか？
彼が、水といっしょに人々に届けたいのは、なんだろうか？
ひとりの水道技術者の大きな挑戦を追う。

✳フクロウの仕事

日本は、豊かな水にめぐまれた国です。そして、その水を供給する水道の技術は、世界でもトップクラス。水道を通して、安定して送られてくる清潔な水が、わたしたちのふだんの暮らしや、農業、工業などの産業をしっかりとささえているのです。

水は、浄水場から長い水道管を流れてきます。水道管にもれがあると、水は途中でへってしまったり止まってしまったりするため、こうした事故がおこらないように、日々、水道管の水もれを調べている人がいます。

水道技術者、笑喜久文さん。東京都とともに水道にたずさわる、事業会社の社員です。

水道管はほとんど地下にうめられているので、地面にまでてくるような大きな水もれ以外は、目で見つけることはできません。

手がかりは、音。正常な水道管は水が流れても音はしませんが、水がもれているときは、かすかにノイズのような音がするのです。だから笑喜さんたちの仕事は、

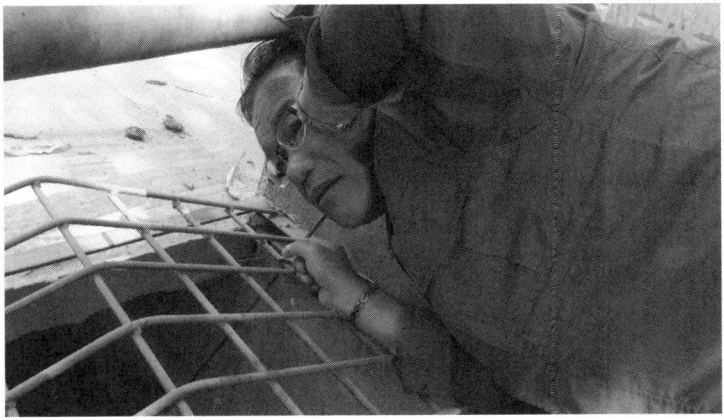

音とはつねに真剣勝負。かすかな音も聞きのがさない。

街が一番静かな夜中におこなわれます。夜中に働くので、ついた名前は「フクロウ隊」。夜の静かな働き者たちです。

フクロウ隊は光る安全チョッキをまとい、夜の街で地面と向き合います。

つかう道具は、漏水探知機。お医者さんがつかう聴診器とよく似た道具です。患者さんの心臓の音を聴くように地面に当てて、地下を通る水道管の音を聴くことができます。

水道管から直接音を聴くときは、音聴棒という道具をつかいます。細い棒の先を水道管につけ、逆側の端についたおわんのよ

写真：東京水道サービス株式会社

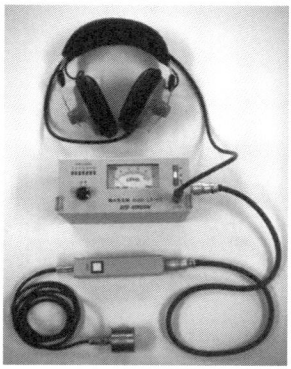

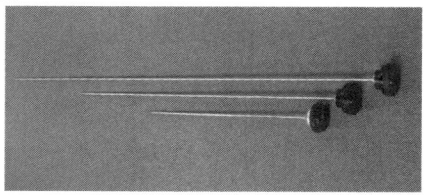

漏水探知機（左）と音聴棒（右）。

うな部分に耳を当て、音を聴きます。

水もれの音は、風が細いトンネルを吹きぬけるときのようなかん高い音。とても小さい音で、その上、音の調子は、水道管の材質や、路面の材質、水道管のこわれ方によって異なります。水もれの音は、ひとつとして同じものがないのです。

さらに街には、こうした水もれの音とよく似た音がたくさんあります。とくに似ているのが下水の音。それから自動車が走る振動音、自動販売機の音など。これらの音と水道管の水もれの音は、機械をつかって分析しても正確に区別することができないといわれます。

それなのに笑喜さんは、水もれの音を耳だけで正確に聴き分けるのです。機械でも区別のつかない音を、なぜ聴き分けることができるのでしょうか。

耳ではなく、経験で聴く

笑喜さんは、いままでに聴いてきたたくさんの音の記憶をたよりに、水もれを探していると話します。笑喜さんの頭の中には、これまでに聴いたたくさんの水もれの音のデータが蓄積されています。笑喜さんは調査に当たるとき、頭の中にあるデータを総動員して、その材質の道路で、その材質の水道管から水がもれていたら、どんな音がするかを頭の中でイメージします。そのイメージとくらべながら、実際の音を聴き、水もれの判断をしているのです。

地面をほって工事をするかどうかを決めるための、とても重大な判断。笑喜さんは30年積み重ねた経験によって、そのむずかしい仕事をこなしています。

こうした水道技術者たちが身につけた特殊な高い技術によって、日々の整備がおこなわれ、日本の水道は、世界トップクラスの水準を誇る安全なものになっているのです。

＊＊＊

笑喜さんがその経験と技術を買われて、東南アジアの国、ミャンマーでの水道整備の仕事に派遣されることになりました。

担当するプロジェクトは、ミャンマー最大の都市、ヤンゴン市の中でも、もっとも水道事情の悪いマヤンゴン地区の水道整備です。

この地区にはかんたんな水道がひかれていますが、配管技術が低いために水道管のあちこちで水もれがおきて、大半の家では数日に一度しか水がでません。これを改善して、地区のすみずみまで水がでるようにして欲しい。それがヤンゴン市からの依頼でした。

笑喜さんは、同じく日本から派遣されたふたりの技術者と、現地の作業員たちとともに、このプロジェクトに取り組みます。

水道の現状を改善するのとあわせて、日本の水道技術をミャンマーのスタッフに教えることも、このプロジェクトの大切な目的です。プロジェクトが終わったあと

数日に一度しか水がでないマヤンゴン地区。住民は毎日、地下水や雨水をくみにいく生活をしている。

も、現地の技術者が自分たちで水道を維持管理していくためです。

期間は半年。水道先進国日本のトップ技術者として、笑喜さんの険しい道がはじまります。

ミャンマーは、一年を通して暑い国です。気温は朝から30度以上。しかし、きまじめな笑喜さんは、制服である長袖の作業着の前をしっかりとしめ、決まりどおりヘルメットをかぶって、現場へ向かいます。

マヤンゴン地区に到着すると、さっそくある住宅を訪ね、水道から水がでているかをたずねました。その家に住む女性が首を横にふります。

「全然水がでないのでこまっています。しかたがないので、子どもたちが地下水をくみにいっています」

そう話す女性の視線の先には、大きなバケツをもって道を走っていく子ども、そして、水を満たした重そうなバケツを頭の上にのせて帰ってくる子どもが、たくさんいます。

このあたりには、水道があっても1日おきにしか水がでない、というような家が少なくないのです。あちこちに水もれがあることが推測されます。

笑喜さんは、露出した水道管の音を音聴棒をつかって聴きはじめました。

今回のプロジェクトでもっともむずかしいのが、小さな水もれの発見です。日本でも経験と技術が必要な仕事ですが、ミャンマーで水もれを発見するのは、さらに大変です。

まず、ミャンマーには、水道管の設置地図である配管図がありません。配管図がないために、水道管が地下に入ってしまうと、どこに設置されているのかわからないのです。音をたよりに、手探りで水もれを探すしかありません。

さらにミャンマーでは、細い水道管が束ねられた「スパゲッティ配管」がたくさんあります。住民たちが自分の家に水をひきこむために、もともとの水道管に勝手に自分の水道管をつなげてしまい、そうしたたくさんの水道管が束にされているのです。

束ねられた複数のパイプ同士がくっついているために、水もれの音がほかの管にも伝わり、水もれの発見をむずかしくしていました。

気温35度を超える、炎天下での困難

「スパゲッティ配管」。水を家にひくために、住人が勝手に水道管をつなげてしまう。

な調査。しかし、笑喜さんは、文句ひとつ言わず表情も変えず、じっと水道管の音に耳をかたむけます。

そして、かすかな音をたよりにフェンスの下のせまいすき間をくぐり、雑草をかきわけ水道管を探します。そのような作業をくり返して、水もれの発生しているところに、少しずつ近づいていくのです。

30年間水もれの調査にたずさわってきた笑喜さんには、静かにつらぬく信念がありました。

たんたんと、ねちっこく

「いやがらずに、ねちっこくやれる人が、漏水防止の係には向いているのかなと思いますね」

と、笑喜さんは言います。

水もれの調査と修理は、耳を澄ませて水道管をたどり、修理をしたら、また音を聴くという、地道な作業の終わりのないくり返し。きりがありません。しかし、その作業の絶え間ない継続が、人々の暮らしの安定には不可欠なのです。

だから、水もれ対策の仕事は、いらいらしたりあせったりせず、たんたんとねばり強く続けていくことが大切だと笑喜さんは考えています。

笑喜さんが、ついに水もれ箇所をつき止めました。チームのスタッフをよびます。

「あった。たぶん、2か所もれてるけど、大きなもれはこっちだと思う」

笑喜さんがしめす細い水道管は、道路脇の側溝の中を通っていました。側溝に管からもれたきれいな水がたまっています。水道管は、継ぎ目がビニールテープでいい加減に固定されていたために接続がゆるみ、水もれしていたのです。

笑喜さんたちは、水道管をパイプでしっかりとつなぎ直しました。これで、この水道管の先にある家では、水が十分にでるようになるはずです。

（1日おきにしかでなかった水が、毎日蛇口からでるようになったら、ここの人たちはきっと安心して暮らせるようになるだろうな）

流れていく水の先に、笑喜さんは住民の暮らしを想像しています。それが笑喜さんのエンジンになっていました。

✳一人前のフクロウになりたい

笑喜さんは、１９５３年、鹿児島で生まれました。

家は農家。農業はお兄さんが継ぐことになっていたので、笑喜さんは地元の工業高校を卒業すると鹿児島をはなれ、東京で働きはじめました。

就職先は、東京都の水道局です。配属されたのは、新しく建てられたビルや家に水道管をひきこむ仕事をする部署。もともときまじめな性格の笑喜さんに、計画どおりに水道管を設置していくという仕事はぴったりでした。

結婚して娘がふたり生まれた頃、転機が訪れました。人事異動で水もれ調査の仕事を担当することになったのです。

当時、東京では水道管に流れている水全体の15パーセントの水が、管からもれてしまっていました。貴重な水が毎日大量にむだになっている上、水質が低下したり事故がおきたりする危険性もあります。水もれの調査、修理は、責任重大な仕事でした。

笑喜さんは、フクロウ隊の一員となって働きはじめました。

新人の調査員は、はじめに例としていくつか水もれの音を聴かせてもらって、それを参考にしながら実際の調査に当たって、かんを身につけていきます。しかし、笑喜さんは、あまり要領よく仕事のこつをつかむことができませんでした。ほかの人のように聴き分けができるようにならない笑喜さんは、あせりをつのらせます。

先輩からは、

「水もれがあると思って、音を聴け」

と指導されました。自信のない笑喜さん、そのアドバイスを意識して聴くと、どんな音も水もれの音に聴こえてしまいます。もれているかもしれないのにほうってはおけないので、工事をすることにします。しかし、そこに水もれはなく、工事がむだになる。そんなことがなんどもくり返されました。

ある日、同僚から冗談混じりに、

「むだな穴をほるなら、自分の給料でやれよ」

と言われ、笑喜さんは、情けない気持ちになりました。道路に穴をほる工事には、もちろん費用がかかります。住民たちの水道料金でまかなわれる大切な予算を、必要のない工事につかってしまっていました。何も言い返すことができず、はずかしさとくやしさをかみしめる笑喜さん。

（なんとか、一人前になりたい……）

笑喜さんの必死の努力がはじまりました。人一倍経験を積むしかないと考え、水もれがあると聞けば、自分の担当の地区でなくても出向いていき、音を聴かせてもらいました。そして、聴いた音を一つひとつ現場でおぼえていきます。

それでも、なかなか聴き分けの精度は上がりません。笑喜さんはあきらめず、自分なりのくふうを試みます。

（あえて音をしぼって聴いたら、集中力が上がらないだろうか？）

道路の材質などから、ここで水もれがあればこんな音がするはず、という音を、あらかじめイメージしながら、調査に当たるという方法を考えついたのです。

笑喜さんは、水もれ修理の工事を徹底的に観察して、どんな水もれがどんな原因でおきるのかを調べました。そして、その水もれがどんな音かを頭にきざみこんでいきます。

下水の音と、水もれの音のちがいがわかるまでに8年かかりました。

そしてその後も、笑喜さんは努力を続けました。音を聴き、現場を観察し、記憶する。その積み重ねの長い年月をへて、いつしかそれぞれの水道管の音が、なんの音の組みあわせでそういう音になるのかを分析できるまでに熟練していました。

そして56歳のときには、水もれ調査における際立った能力がみとめられ、水道局でも数少ないエキスパートに認定されたのです。

けっして器用ではないけれど、あきらめず、時間をかけてひたむきに努力し、高い技術を身につけた笑喜さん。ずっと、自分に言い聞かせてきたことばがあります。

明日は今日より進化しよう

大きな目標は、すぐに達成できるものではありません。しかし笑喜さんは、今日より明日、明日より明後日、毎日少しずつ進化することで、目標に向かってきました。ひとつ音を聴くたびに、必ず自分は進化する。そんな強い意志をもってたくさんの音を聴き続けた日々の先に、ついに大きな成長をなしとげました。

そして、その思いは、最高度の技術を身につけてもなお、変わらないのです。

✳すべての人に水を届ける

ミャンマーでの5か月のあいだに、笑喜さんたちはひととおり水もれの修理をして、マヤンゴン地区内の水道の状態をかなり改善することができました。

しかし、課題がひとつのこっています。地区の一番はずれにあるいくつかの住宅では、あいかわらず水の出が悪いのです。

笑喜さんは、その住宅のうちの1軒、ケッケさんの家を訪ねました。門の鈴を鳴らすと小さな子どもがでてきて、もう顔見知りになった笑喜さんをにこにこしながら家の中に案内してくれます。

一家のお母さんに、水道の状態を確認する笑喜さん。

「水はでますか？　でませんか？」
「でません。昨日からでていません」
水道を見せてもらうと、栓を全開にしても蛇口からはほとんど水がでません。
ケッケさんの一家は18人の大家族。出かせぎに行っているお父さんからの大切な仕送りで水道をひいたのに、その水道が満足につかえないのです。しかたなく、一家は炊事や洗濯のための水を、近くの家から買っていました。
「洗濯もたまるしこまっています。水さえあれば、ほかには何もいらない」
ケッケさんの切実な訴えに、うなずく笑喜さん。家の外の水道管を外してみると、流れている水の量はほんのわずかです。
（この大家族に、これだけしか水がこないなんてかわいそうだ）
のこり1か月のあいだになんとかしようと、笑喜さんは心に決めました。
ケッケさんの家に水が届かない原因は、マヤンゴン地区の水道全体に関わる、根本的な問題にありました。

水道は一定の圧力で水道管を満たすことで、圧力のかかった水が各家庭の蛇口までおしだされる仕組みになっています。そのため、少しでも水もれがあると、水道全体の水圧が下がってしまい、水道管の本管からはなれた地域には水が届きにくくなります。

水もれを修理すれば圧力が高くなり、水は届くようになるはずです。ところが、地区内の水もれをだいたい修理し終わっても、まだ水が届かない家があるということは、そもそも、浄水場から水道管に水をおしだすポンプの圧力が不十分だということなのです。

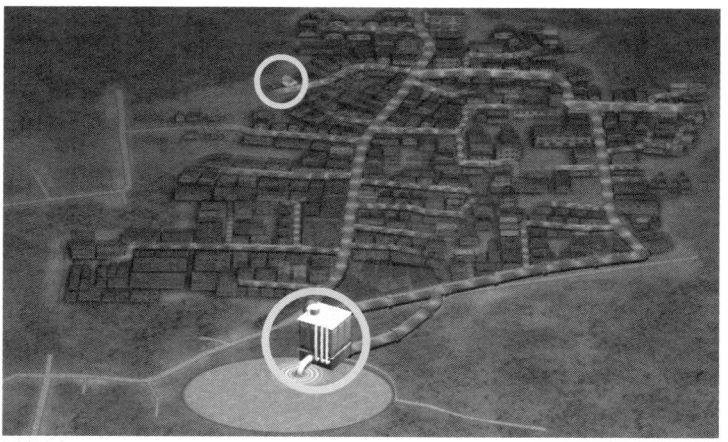

浄水場のポンプから一番遠くにある、ケッケさんの家に水が届くためには、大本のポンプの圧力を上げなくてはならない。

笑喜さんたちプロジェクトチームは、ポンプの力を強くして、水圧を上げることを検討しました。しかし、これは単純な問題ではありません。圧力を上げることにはリスクがあります。水圧を上げると、その圧力で水道管がまたこわれて、水もれをおこすおそれがあるのです。

せっかく修理をして、不具合の少なくなった地区内の水道。水圧を上げたために、また水もれがはじまるようでは、いままでの努力が水のあわです。でも、水圧を上げないかぎり、ケッケさんたちの家には水が届きません。

大多数の家のために、ケッケさんたち数軒にがまんをしてもらうか。数軒のために、地区全体に水もれのリスクを負ってもらうか。むずかしい選択です。

検討の結果、笑喜さんたちは、時間をかけて少しずつようすを見ながら段階的に圧力を上げていくことにしました。水圧を上げたことで生じる水もれを確認、修理しながら、じょじょに圧力を高くしていこうという作戦です。

笑喜さんの、ミャンマーでの最後の大きな仕事がはじまりました。

まず、数日間のテストをします。水圧を上げても大規模な水もれがおこらないか、水道管の状態を確認しながら、慎重に作業を進めていきます。

テストのあと、いよいよ本格的に水圧を上げることになりました。水圧は以前の2倍。水もれをおこさずに、水は流れてくれるでしょうか？

水圧を上げた日の夜。チームは祈るような気持ちで、水もれの調査に向かいました。寝静まった街で、フクロウたちが地面の音に耳をかたむけます。

ひとりが、すぐにいやな音に気づきました。

「あやしい音がする。たぶん、もれてる」

ほかの技術者も、同じように水もれの音をとらえています。

「こっちもだ。これは、水道管じたいをとりかえないとだめかもしれない」

この夜見つかった水もれは7か所。さっそく翌日から、修理にとりかからなければならなくなりました。

地区内の住民からも苦情がではじめました。水圧を上げたあと、いままではつか

小さな水もれでも、たんねんに工事を続けていく。

えていた水道から水がでなくなったというのです。

（いままでていた家でもでないのに、ケッケさんの家はどうなっているだろう）

笑喜さんは、ケッケさんの家の、ほとんど水のでない蛇口を思い浮かべて、心配になりました。のこり時間は3週間ほど。笑喜さんの気持ちはあせります。

しかし、笑喜さんの思いとはうらはらに、現地のスタッフのやる気は急速に失われはじめていました。せっかくひととおり修理をしたのに、また同じ修理をくり返すことになったことに不満を感じていたのです。

ある現場の現地スタッフから、チームの

事務所に連絡がきました。指示どおりの工事ができないというのです。すでに教えてある技術で、用具もそろっています。できないのではなく、彼らはやりたくないのだと笑喜さんたちは気づきました。

「できないじゃなくて、やらなくちゃだめだよ。必要なものは倉庫にそろってる。もっていって、きちんとやるように伝えて」

通訳に、少し強い口調で言う日本人スタッフのことばを、だまって聞いていた笑喜さん。やがて、

「ちょっと、見てきます」

と言って、現場に向かいました。

現場に到着すると、現地スタッフについて作業を指示しはじめます。

「急な角度で水道管が曲がると水もれしやすいから、2段階で曲げて、角度をゆるやかにするといいよ」

「7センチのところ、ぎりぎりで切って」

「だいじょうぶ？　長さは確認した？」

すでに教えたことをもう一度教え直しながら、スタッフといっしょにていねいに修理を進めていきます。

気温40度を超える暑さ。笑喜さんの長袖の作業着は汗で色が変わっています。現地のスタッフは、やはりやる気のでないようすですが、笑喜さんはいつもどおりけっして手をぬきません。

「このパイプを交換して」

笑喜さんの指示に、ついに現地のスタッフが、

「交換するんですか？　直さないほうがいいんじゃないですか？」

と言いました。笑喜さんは顔を上げ、スタッフの顔を真っすぐに見て言います。

「どうして？　仮止めのチューブばかりつかうから、すぐに水がもれるんだよ。それでは、高い圧力がかかったらすぐに水がもれてしまう。だめです。きちんとしたパイプに交換しなくちゃ」

そして、ポンポンとスタッフの背中をたたきました。ほら、がんばろう。スタッフをはげます。

笑喜さんには、現地のスタッフに、どうしてもわかって欲しいこと、伝えたい思いがありました。

あきらめては いけない仕事

水道は、一部のめぐまれた人がつかえればよいというものではなく、だれもが同じようにそのめぐみを受けられなければなりません。水道修理はそのために、つねにベストをつくし、けっしてあきらめてはいけない仕事なのです。笑喜さんは、現地のスタッフに、そういう仕事をしているということに誇りをもって欲し

ひとつずつ工事を続けていくことが、暮らしの安定につながっていく。

いと願っていました。

水道修理には終わりがありません。しかし、小さな水もれを探し当て、修理をするという地道な作業のくり返しが、人々の暮らしの安心に貢献するということがわかっていれば、仕事に対して真剣に前向きに取り組めるはずだと、笑喜さんは信じています。その信念を伝えるために、笑喜さんはこの半年間、つねに全力で働いてきたのです。

こうして、少しも手をぬくことなく帰国の日まで仕事を続けた笑喜さんは、予定されていた工事をすべて完了させました。水を必要とするすべての人たちのために、たんたんと、ねちっこく。自分の仕事の流儀を、ミャンマーでの半年間でもつらぬき通したのです。

仕事に明け暮れた半年を終え、空港に向かう笑喜さんは、いつもと変わらない表情でたんたんと話しました。

「少しでも、ミャンマーの人たちが喜んでくれたらいいですね。けっこうがんばったと思うので、自分としては、まあ、満足しています。日本の技術者にきてもらってよかったな、と思ってもらえれば最高ですよ」

その頃、マヤンゴン地区のケッケさんの家の蛇口からは、水が勢いよく流れていました。お母さんは、たっぷりの水でたくさんの野菜を洗い、お姉さんは、せっせと洗濯をしています。にぎやかな歓声を上げながら、水あびをする子どもたちの笑顔は輝いています。

笑喜さんが届けたかった水と安心は、地区のすみずみまで届いていました。

プロフェッショナルとは

水もれ対策の仕事についていえば、
いろいろな音をたくさん聴く経験を
積んだ人。そして、それをいざという
ときに有効につかえる人

第264回2015年5月18日放送

こんなところがプロフェッショナル！

誇りをもって水道を守る、笑喜久文さん。
そのほかにもこんなところがすごいよ。

つねに真剣勝負

まじめで無口な性格の笑喜さん。日本から遠くはなれたミャンマーの炎天下でも、不満を口にださず毎日汗だくで仕事に明け暮れました。水がでない家があると聞けば、休みの日でも出向いて修理をおこなったそうです。

聴き分けるのは、同じものがない音

ふつうの人には聴きとるのもむずかしい小さな水もれの音。実際の街中では、細かい条件によってその音が変わるだけでなく、似た音もたくさんあります。笑喜さんは、音響の専門家もおどろくほど正確に、細かな音を聴き分けているのです。

いつか役立つ日のための準備

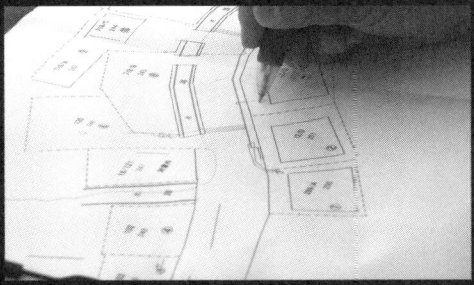

ミャンマーの水道修理をおこなうかたわら、笑喜さんはメモをとり続けていました。次の工事に備えて、図面として配管図をのこしていたのです。生活に欠かせない水を届けるために、努力をおしみません。

“不屈”こそが、技術者の武器

笑喜さんがいまでも大切にしていることばがあります。それは、母校の「自律、勤勉、不屈」という校訓。中でも“不屈”が好きで、さまざまな困難にぶつかるたび、このことばを思いだして乗りこえてきたと言います。

プロフェッショナルの格言

水道技術のエキスパート、笑喜久文さんのことばを心にきざもう。

耳ではなく、経験で聴く

機械でも区別がつかないという、水道管の水もれの音。笑喜さんは、30年積み重ねたいままでの経験から、あらかじめ水もれの音をイメージしながら聴くことで判断し、むずかしい仕事をこなしています。

毎日少しずつ進化する

はじめは水もれの音を聴き分けられなかった笑喜さん。自分は必ず進化するという強い意志をもって、たくさんの努力を積み重ねました。最高度の技術をもったいまでもその思いは変わりません。

あきらめてはいけない仕事

水道修理は、地道な作業をくり返す終わりのない仕事。しかし、ねばり強く続けることが、人々の暮らしの安心につながっているのです。笑喜さんは、それが水道技術者の誇りなのだと言います。

答えは、地域にある

地方公務員

寺本英仁

過疎化が進み、市町村合併の波にのまれた町がある。
ふるさとの町の名前を失い、ひとりの町役場の職員が立ち上がった。
「町を、立て直す」
その決意のもと、彼は新しい町づくりのために走り回り、
やがて、地元の食材を生かしたグルメの町として、
町をもり上げ、みごとにふるさとをよみがえらせた。
その地域活性化の手腕が、全国から注目される中、
彼は新しい挑戦をはじめる。
かつてさかんだった、町の産業を復活させる取り組み。
しかし、数々の難問が立ちふさがる。
彼はそれらをどのように解決していくのだろうか?
スーパー公務員の町づくりの現場に密着する。

✳ふるさとのために

島根県西部、広島県との県境に、邑南町という町があります。２００４年に、羽須美村、瑞穂町、石見町が合併して、新しく生まれた町です。

４００平方キロを超える広い面積に、人口は約１万１０００人。高齢化率は、全国平均の26パーセントをはるかに超える42パーセント。

こうした数字から想像されるのは、過疎と高齢化の町の人気のないさびしげな光景です。ところがいま、この町には全国から観光客が集まり、活気があふれているのです。

お目当ては、地元邑南町の食材をたっぷりつかった高級イタリア料理のお店。提供される料理は、けっして安くはありませんが、新鮮な食材をつかった本格的な味にお客さんがとだえません。

実はこのレストラン、町が運営しているお店です。このお店を中心に、「グルメの町」としてもり上がっている邑南町。この町おこしを企画したのは、邑南町役場につとめるひとりの職員です。

寺本英仁さん。肩書きは、「邑南町商工観光課係長」。

地元、邑南町を愛し、町を元気にするために、ときには町を飛びだして全国を走り回るスーパー公務員です。

寺本さんが生まれたのは、島根県の旧石見町です。東京の大学に進学して卒業すると、地元にもどって町役場に就職しました。理由は、地方では公務員が一番安定した仕事だから、という単純なものでした。

ところが、役場につとめはじめて10年目、寺本さんの生まれ育った町、そしてつとめ

写真：一般社団法人邑南町観光協会

島根県内の町村で一番面積が大きい、邑南町。

先である石見町が、市町村合併によってなくなりました。安定を信じて選んだつとめ先が消えたのです。寺本さんはショックを受けました。合併してできた邑南町の公務員になった寺本さんでしたが、あらためて急激に過疎化が進むふるさとの状況に気づき、危機感をおぼえます。このまま人口がへり続ければ、役場の仕事もどんどんへって職を失うかもしれない……。結婚して、子どもが生まれたばかりの寺本さん、ふるさとを立て直さなければいけないと、真剣に考えるようになりました。

そこで、まず挑戦したのは、当時はやっていたネット通販。サイトを立ち上げ、地元の特産品を売って、町の収益を増やそうとしました。地元には、高級和牛として知られる石見和牛など品質のよい特産品があり、通販なら全国の人に手軽に買ってもらえると考えたのです。しかし、思うように売れません。売れないのもくやしいことでしたが、それ以上に寺本さんがはずかしく思ったのは、自分が売ろうとしている地元の特産品について、きちんとした紹介や説明ができないことでした。

（おれは地元のことを何も知らないんだな。10年も役場の職員をやってきたのに）

どうしたらいいのかわからないまま、寺本さんは町中を回り、住民の声を聞きました。ほかにできることがなかったからです。ところが、その住民の声の中に、すばらしいアイデアがあふれていました。

「ほかの生産者といっしょに、新しい商品を開発したい」

「都会のレストランに、自分たちの商品を売りこみたい」

寺本さんは、そうした声こそが、地域を立て直す確かな力になるのだと気づきました。そして、住民からのさまざまな意見を聞くうちに、特産品をつかったレストランを開くという事業を考えつきます。

寺本さんのこのアイデアを聞くと、多くの人が、うまくいかない、と言いました。でも寺本さんには、必ず成功する、という自信がありました。

このレストランは、地元でつくったおいしいものを外に売ってしまうのではなく、地元で楽しんでもらうという取り組みです。生産者が、仕事へのやりがいや誇りを感じられるお店になれば、地域を元気にする大きな力になる、と思ったのです。

そして、お客さんを集めるために、食材だけでなく、味にも徹底的にこだわろう、と考えた寺本さん、お店のコンセプトとして「A級グルメ」をかかげました。町おこしの材料として各地で流行していた、安くて庶民的でおいしい「B級グルメ」とは正反対のグルメです。高いけれど、ちょっと特別なよそゆきの気分が味わえる、おいしい料理。そんな食のスタイルにこだわって、有名なシェフに知恵を借り、都会のお店に負けない高級イタリア料理のお店をつくりあげました。

このねらいが大当たり。品質にこだわった地元の食材と、この町でしか食べられない高級な味が、観光客の心をつかみました。

こたえは、地域にある

町おこしは、どこかの地域の成功例をまねればうまくいくというものではありません。その地域の住民が望む暮らしを実現することが、何よりも重要だからです。自分たちの地域の未来の姿を具体的にイメージできなければ、町は発展していきません。住民の声にもとづいて、町の形をつくっていくのです。

そう確信した寺本さんは、公務員である自分の仕事は、住民の手助けをすることだと考えるようになりました。

一流シェフが技術を教える「食の学校」。

レストランで広まった「グルメの町」というイメージをさらに発展させるため、寺本さんは、「食の学校」を企画しました。

この学校は、邑南町独自の食文化を、未来に継承するための拠点です。ここでは、地元の農業や食文化についての子どもたちへの教育や、地元の食材をつかった商品の開発などをおこないます。そうした活動によって、住民が地元に誇りをもち、邑南町が魅力ある町へと発展していくことをめざすのです。

学校では、さまざまな料理教室が開かれ、寺本さんが交渉してよび寄せた、一流のシエフが講師になって、調理の指導がおこなわれます。ここで、地元の食文化に詳しい腕のよい料理人を育て、町全体を「A級グルメの町」にするのが、寺本さんのねらいです。

寺本さんの「グルメの町」の展開は、まだまだ止まりません。魅力的な地元の食材の生産にも乗りだします。寺本さんは、町がもっていた土地に畑をつくりました。ここで育てるのは、化学肥料や農薬をなるべくつかわない、安全でおいしい野菜。こうした野菜づくりによって、邑南町の農産物の価値を上げ、農家の収入アップにつなげていこうと考えたのです。

このように、寺本さんは次々に事業を立ち上げ、地元の生産品を地元で消費する安定した仕組みと、町の人が安心して働ける環境をつくりました。すると、邑南町に移住してきて、町で仕事につく人たちがあらわれるようになったのです。この成果をもたらしたのは、寺本さんの地方公務員としてのゆるがない信念です。

地域の誇りを育む

寺本さんは、邑南町に生きていることを誇りに思っています。おいしい食材を育てることができるのは、地方の土地と人。だからこそ、地方は輝いているのだと信じています。そして、邑南町の人々や、次の世代をになう子どもたちにも、この町を誇りに思って欲しいという気持ちが、寺本さんの仕事の原動力なのです。

この信念を胸に、寺本さんは走り続けてきました。すると邑南町は、魅力ある町として人をひき寄せるようになり、寺本さんの地域活性化の手腕にも、全国から注目が集まるようになっていったのです。

二度とふるさとを失わないために。その寺本さんの思いが、いつのまにか町を豊かにしていました。

✳町おこしの早技

町おこしのしかけ人である寺本さんのところには、日々、町の人から、いろいろな相談がもちこまれます。

ある日、ひとりの女性が寺本さんをたよってきました。邑南町で果物をつくっている溝辺さん。サクランボの販売や宣伝について、寺本さんに相談にきたのです。

ひととおり話を聞いた寺本さんは、すぐに溝辺さんを町の特産品の直売所へ連れていき、そこで商品を売ることを提案しました。はじめての相談で、直売所の人にまで紹介してもらえて、溝辺さんはびっくりです。

このスピードが寺本さんの強み。すぐに動いて熱を冷ましません。寺本さんは、たたみかけるようにサクランボ販売作戦の次の手を打ちました。

寺本さんがたよったのは、奥田政行さんです。全国的に有名なイタリア料理のシェフで、以前から邑南町のグルメの企画に協力をしてくれています。奥田さんはサクランボの本場、山形県の出身。そこで寺本さんは、食材の魅力とそのおいしい調理法を知りつくした奥田さんに、サクランボPRのための新しいメニューの開発を依頼したのです。町のレストランの目玉料理として売りだし、そこから、サクランボそのものの販売につなげようという作戦でした。

奥田さんが、サクランボメニューの試作のために邑南町のレストランに出張してきました。寺本さんも溝辺さんも立ち会い、新しいメニューの誕生を見守ります。奥田さんが提案するのは、サクランボをつかったパスタ。店のスタッフに、調理上の注意点を説明しながらつくっていきます。

あっというまに、トマトの酸味とサクランボの甘味を生かしたパスタができあがりました。さっそくみんなで試食してみると、素材の味が生き生きとした絶品です。

「まだ、寺本さんに相談してから2週間くらいしかたっていないのに、こんなおいしい料理ができてしまって、展開が速くてびっくりしてます」

と溝辺さんが言うと、奥田さんが笑いました。

「だって、お願いしますって寺本さんが必死な声でたのんでくるから。その熱意に負けちゃうのかな。なぜか動いてしまう。寺本さんには、そういう力がある。動かされるんです」

寺本さんは、スピード感をもって熱意を伝え、人を動かし、新しいものを生みだしていきます。この仕事のしかたについて寺本さんはこう話します。

「もちこまれた相談に対して、自分だけで時間をかけて構想を練っても、相手の考えは全然ちがうかもしれない。だから早くこたえを返して、それをまたもどしてもらって、というやりとりをしたほうが、よりよい結果が得られると思うんですよ」

ときに、人をびっくりさせるほどの寺本さんの仕事のスピードは、相手の考えを大切にし、いっしょに考えていこうという姿勢から生まれているものなのです。

✳思いをつなぐ

寺本さんの考えた新しい事業、キッチンカーの営業がはじまりました。

キッチンカーは、車をつかった移動式のレストラン。このキッチンカーで町内を回り、「A級グルメの町」のイメージを町で暮らす人たちに共有してもらうことが、寺本さんのねらいです。

営業をはじめて数日たったころ、キッチンカーのスタッフ、松岡さんが、寺本さんに相談をもちかけてきました。

松岡さんは、地方で食にたずさわる仕事がしたいと東京から邑南町に引っ越して

写真：一般社団法人食と農人材育成センター食の学校

キッチンカーで、「A級グルメの町」のイメージを町に共有させたい。

きた若い女性です。はりきってはじめたキッチンカーの仕事でしたが、今後、どのような方向で進めていけば町の人のためになるのか迷っていました。

話を聞いていた寺本さん、なんどもうなずきます。気持ちだけが空回りして、現場が見えなくなってしまっているのだと、寺本さんは経験から知っていました。そこで、こんなアドバイスをします。

「地域の人が何を望んでいるか、地元の人の声をひろってみなよ」

さっそく松岡さんは、地元の人の意見を聞きにいくことにしました。

松岡さんが訪ねたのは、キッチンカーにも

食材を提供してくれている、農家のタカシさん。タカシさんに町のグルメ企画についての考えを聞いてみます。タカシさんは畑仕事の手を止め、ちょっと考えこんだあと、こたえました。

「わたしだったら、どっちかといったら家庭料理みたいなものが食べたいなって思うね。昼にさっと食べるものに、何千円もだそうという気にはならない」

松岡さんは、そのこたえにはっとしました。食材をつくってくれている地元の人が食べたいものを自分たちが提供できていない、ということに気づいたのです。

数日後、松岡さんがキッチンカーで新しいメニューをだしました。野菜のグリルです。地元の畑で朝とれたばかりの新鮮な野菜をつかい、その素材の味を楽しんでもらうため、味つけはシンプルに塩だけ。1皿500円と価格もおさえました。お客さんの反応は上々です。

そこにタカシさんもやってきました。野菜のグリルを食べて顔をほころばせ、松岡さんに話しかけます。

「7月になったらジャンボニンニクがとれる。焼いてだしたらおいしいよ」

「わあ、いいですね！　タカシさんと話していると、いろんなメニューが浮かんできて、次のことを考えるのが楽しくなります」

松岡さんの声もはずみます。松岡さんのようすを見守っていた寺本さんも、うれしい笑顔になりました。

寺本さんは、地域の事業においては、このような気持ちのキャッチボールが欠かせない、と考えています。行政の側からやり方を決めつけたのでは、地域の仕事はうまくいきません。地域の人たちに自分たちの考えを真っすぐに伝え、それに対する率直な意見を返してもらう。そのやりとりから、人と人との思いがつながり、地域の暮らしを豊かにするアイデアが生まれてくるのです。

寺本さんは、邑南町とそこに住む人たちの思いに、真っすぐに向き合っています。

✳地元産業の復活に挑む！

寺本さんが、また新しい企画に取り組みはじめました。邑南町で生産される牛乳でバターをつくって、邑南町の特産品として売りだそうという企画です。

きっかけは、広島の料理教室からの、バターを安定して入手したいという相談でした。でも、寺本さんにはもうひとつ、バターづくりに挑戦したい理由がありました。

中国山地の高原にある邑南町一帯は、かつて牛を飼って、牛乳やその加工品を生産する酪農がさかんにおこなわれた土地です。しかし高齢化にともない、20軒以上あった酪農家は半分以下になってしまいました。寺本さんはなんとかして、昔のように地元の酪農を元気にしたいと思っていました。若い人が、邑南町で酪農をやりたいと思えるきっかけをつくりたい。その思いが、このバターづくりの企画の根元にあったのです。

邑南町で牛乳を加工販売している洲濱さんが協力してくれることになり、邑南町ブランドのバターづくりがはじまりました。

しかし、バターづくりにはむずかしい問題がありました。バターは、生乳（加熱殺菌していない牛乳）から脂肪分をとりだし、それを練り上げてつくります。脂肪分は生乳全体の5パーセントほど。つまり、のこりの95パーセントは低脂肪乳となってのこるのです。低脂肪乳は商品としてそれほど人気がなく、たくさんは必要ありません。つまり、つかい道がなくむだになってしまうのです。むだがたくさんでるということは、利益の少ないビジネスになることを意味します。バターづくりは採算がとれないので、洲濱さんのお店でもバターはあつかっていませんでした。

それなら、と寺本さんは考えました。低脂肪乳をつかった商品を開発し、それを人気商品にすることができれば、バターづくりを実現することができます。

検討を重ねた結果、寺本さんは、低脂肪乳からミルクジャムを開発することに決めました。低脂肪乳に砂糖を加えて煮つめてつくるミルクジャム。ジャムなら保存がきくので、大量に流通させることができます。

しかし、もうひとつ問題がありました。通常、ミルクジャムは脂肪分のある生乳を原料にしてつくられます。低脂肪乳から、おいしいミルクジャムをつくることができるかは、わかりません。手探りのミルクジャムづくりがはじまりました。

寺本さんがミルクジャムの試作品をもって、瀬戸内海の島に向かいました。

訪ねたのは、全国的に有名なジャムの専門店。店主の松嶋さんは年間10万本以上のジャムを製造販売する、ジャムのスペシャリストです。寺本さんは、松嶋さんに、試作したミルクジャムの評価をしてもらいにきたのです。

ミルクジャムをスプーンですくった松嶋さん。すぐに、

「かなりやわらかいですね。ジャムとして売るのなら、もう少しとろみがないとパンに塗ることができないですね」

と言いました。びんからすくったジャムは、スプーンから、しずくになってたれています。やっぱり、という表情の寺本さん。

「そうですよね。味はどうでしょう？」

スプーンのミルクジャムをなめてみた松嶋さんは、うなずきました。

「味はとてもおいしいです。味はいいけど、このやわらかさでジャムとして売るのはきびしいな。固めないと」

もっと煮つめれば固めることはできますが、煮つめすぎると甘味が強まって、ミルクの風味がそこなわれます。見た目もミルクらしい白さが消え、キャラメルのよ

うな茶色になってしまいます。

どうしたらミルクらしさを保ちつつ、固めることができるのか？　寺本さんは、大きな宿題をかかえて町にもどりました。

町にもどると、その足で寺本さんは洲濱さんのお店を訪ねます。洲濱さんのお店では、バターの試作品が完成していました。さしだされたバターをすくって、口に入れた寺本さん。顔が輝きます。

「いいんじゃない!?」

洲濱さんもうれしそうな表情です。

バターの品質は思った以上です。こうなったら、どうしてもミルクジャムを成功させなければなりません。寺本さんは、気合いを入れ直しました。

2日後、寺本さんは、母校である東京農業大学の前橋さんの研究室を訪ねました。前橋さんは、寺本さんの学生時代の研究仲間。乳酸菌や麹菌の専門家です。寺本さんは、ミルクジャムづくりのアイデアをもらいに、前橋さんをたよってきたのです。
寺本さんの話を聞いて、考えていた前橋さん。
「発酵させてみたら？　バターも、発酵バターって、高級な感じがするじゃない？　そういう感じで発酵ミルクジャムにしたら？」
と、言いだしました。寺本さんはこのアイデアに飛びつきます。
「発酵ミルクジャム。それはいままでにないかも。新しい！　きてよかった！」
アイデアをもらったついでに、ちゃっかり試作品づくりもお願いした寺本さん。うれしい収穫のあった東京から邑南町へ飛んで帰ります。

数日後の食の学校。ミルクジャムにとろみをつけるために、寺本さんとジャムの開発スタッフがキッチンにこもっていました。
食品を固める添加物をつかえばとろみをつけるのはかんたんですが、素材はできるだけ地元の自然のものに、というのが寺本さんたちのこだわり。いい解決策がないか全員で知恵をしぼるうち、ふと、寺本さんが思いつきました。

ジャムの試作にも、寺本さんは立ち会う。

「米粉は？」

スタッフたちが反応します。

「米の味で、ジャムの風味が変わっちゃうような気がするけど……」

「逆に、低脂肪乳に足りないこくを、米粉がカバーしてくれるかもしれないよ」

「ためしてみようよ、とりあえず」

米粉は、邑南町の特産物。うまくいけば、ジャムに邑南町らしい個性がそえられます。さっそく、米粉を加えたミルクジャムの試作にとりかかりました。

翌日、ひと晩寝かせたジャムのできばえを確かめます。スプーンですくってみると、ジヤムはとろりとスプーンにまとわりつきます。ねばりは十分、色もきれいな白。どきどきしながら、スプーンを口に運びます。

「もちもち感がある！　これ、おいしい！」

米粉でほどよいとろみがつき、ミルクのフレッシュさも生きた、邑南町らしいおいしいジャムができました。寺本さんもスタッフも、いままでの苦労をわすれて大喜び。低脂肪乳を、ミルクジャムとしてつかうめどがたちました。これでバターづくりを、本格的に進めていくことができます。

そう思ったのもつかのま、寺本さんは、また大きな問題に直面することになります。

本格的にバターづくり事業をはじめるため、原料である生乳を確保しようと、寺本さんは、地元の酪農組合に相談にいきました。ところが組合からは、町への生乳の出荷を約束できない、という返事が返ってきました。

酪農家が生産した生乳は、いったん生産者団体の本部に集められ、そこから各メーカーに販売されます。その生産者団体の了解がなければ、生乳を出荷することができない、というのです。

邑南町の生乳をつかったバターでなければ、地元の特産品とはいえません。地元産の生乳の入手は、企画の本質にかかわる大問題。寺本さんは頭をかかえました。

「うまくいかないなあ……」

つい、ひとりごととため息がもれます。しかし、いままでも難題に挑み、それを解決してきた町づくり。今回も弱音をはいてはいられません。

町の酪農の復活をかけ、寺本さんは勝負にのぞみます。

寺本さんは、中国地方をまとめている生乳生産者団体の本部を訪ねました。担当者の植野さんに、邑南町が地元の生乳を必要としている事情を説明します。植野さんは、寺本さんの話をひととおり聞いたあと、バター用の生乳の販売がむずかしい事情について説明してくれました。

バターをつくるために出荷する生乳は、飲料用の生乳より販売価格が安く設定されています。そのため生産者団体は、生産者である酪農家の利益を守れるよう、バター用の生乳の出荷量を制限していました。だから邑南町への生乳の出荷も、かんたんに許可できない、ということだったのです。

寺本さんは、バターのほかにミルクジャムを生産して、その分の売上げで酪農家の利益を守れることを説明しました。しかし、そこにもまた問題がありました。

特定の酪農家だけが、町のバックアップの下、バターやミルクジャムで利益を上げるようになった場合、同じ地域の酪農家が納得できるかどうか。生産者団体としては、不公平が生まれる可能性のある取り引きはむずかしい、というのです。

寺本さんは、植野さんの言い分ももっともだと思いました。寺本さん自身も、地域の酪農家にマイナスになるような事業は望んでいません。それでもやはり、地元産のバターで町の酪農を復活させる、という目標はあきらめられません。意を決した寺本さんは、真っすぐに植野さんの目を見て話しはじめました。

町の希望になる

「これは、バターやジャムの売上げで利益を得よう、という企画ではありません。

「町のこれからのにない手たちに、希望をもってもらいたい……」

酪農をやっている人、これからのにない手、そういう人たちに、酪農に希望をもってもらうための取り組みです。だから、ぜひ、町でやりたいんです」

目的は町の酪農の再生。寺本さんはそのことを一生懸命伝えました。寺本さんの熱のこもった話しぶりを、じっと聞いていた植野さんが口を開きました。

「バターづくりでもうけよう、という企画であればお断りしたかもしれません。でも、酪農家と町がいっしょにがんばっていこう、ということならば、わたしたちも応援するべきですね」

とびらは開かれました。まだクリアしなけ

ればいけない課題もありますが、町への生乳の出荷は、基本的にみとめられたのです。かたくなっていた寺本さんの肩から、ふーっと力がぬけました。

これで、バターづくり事業を進められます。町の新しい特産品が生まれるのです。

数日後、東京農業大学の前橋さんから、発酵させた米粉ミルクジャムが届きました。さっそく試食した寺本さんは、すぐに明るい声を上げます。

「めちゃくちゃいいよ、これ！」

スタッフも大喜び。さっそく、いっしょに送られてきたレシピを読みはじめました。ジャムづくりの器具は料理学校が用意してくれて、製造の準備はととのっています。

寺本さんの次の仕事は、ミルクジャムの売り先を探すこと。また、いそがしくなります。でも、そのいそがしさが町をどんどん元気にするのです。

寺本さんは、ふるさと邑南町のために、町の人々の暮らしと未来のために、今日も走り続けます。

プロフェッショナルとは

今日よりも明日、明日よりも明後日、
仕事がうまくいくように、
小さな積み重ねができる人。

第304回2016年9月26日放送

こんなところがプロフェッショナル！

邑南町のスーパー公務員、寺本英仁さん。
こんなところがすごいよ。

現場の生の声を聞く

地域活性化のため、日中のほとんどは役場をでて、現場に足を運ぶ寺本さん。なにかこまりごとはないか、とにかく自分から動いて確かめるのです。

率直な気持ちで話をする

寺本さんが人と向き合うときには、自分の率直な気持ちで話し、必ず相手の声に耳をかたむけるようにしています。「こうでなければならない」という建前では、現場の人と気持ちがずれてしまうのだと言います。

心配や不安がエネルギーになる

邑南町の町おこしは、これからも課題が続きます。しかし、共通した不安があることによって、地域の人たちが仲間として団結できるのだ、と寺本さんはどこまでも前向きです。

できることを、積み重ねる

住民の声を聞いて回ることからはじまった、寺本さんの町おこし。現在もさまざまな事業を展開し、全国から注目を集めています。小さなことでも、自分のできることを着実に積み重ねていった結果なのです。

プロフェッショナルの格言

地域のために走り続ける、寺本英仁さんのことばを心にきざもう。

住民の声に、アイデアはあふれている

町おこしは、ほかの成功例をまねしても、うまくいくわけではないとわかった寺本さん。地域を立て直すこたえは、住民からのさまざまな声の中にこそあると気づきました。

すぐに動いて、熱を冷まさない

ときに、人をびっくりさせるほどのスピード感と熱意で、人を動かし、新しいものを生みだしていく寺本さん。時間をかけた構想よりも、早くこたえを返して、相手といっしょに考えることを大切にしています。

地域の誇りを育む

町の人々や子どもたちが、自分の住む町を誇りに思うこと。それが、地域を立て直して元気にしていく力になるのだと、寺本さんは考えています。この思いが、仕事の何よりの原動力です。

心の絆で、人をささえる

困窮者支援

奥田知志

家も仕事も失い、路上で生活をする人々、ホームレス。
彼らに、「あなたはひとりではない」と伝えて回る人がいる。
その人は、ひざをついてホームレス一人ひとりの話を聞き、
支援の手をさしのべる。
地道な支援を重ね、社会復帰をサポートしたホームレスの数は3000人以上。
支援のスペシャリストだ。
そんな彼が、東日本大震災の被災者支援に立ち上がった。
あたりまえの暮らし、そしてふるさとを突然うばわれた人々に、
彼はどう向き合うのだろうか？
彼があらためて見つめ直す、大切な問い。
本当の支援とはなんだろうか？
人が生きるために必要なものは、なんだろうか？

✳困窮者支援への目覚め

福岡県北九州市の教会に、奥田知志さんという牧師さんがいます。

奥田さんは、教会で信仰を導くかたわら、ホームレスの自立支援や災害被災者の生活支援の活動をおこなっていることで、全国的に名前を知られています。

奥田さんは、１９６３年に滋賀県大津市で生まれ、会社員の家庭で育ちました。大学は教育学部をめざしましたが、希望がかなわず神学部でキリスト教を学びます。

あるとき、ボランティア活動をしている先輩にさそわれて、奥田さんは大阪市の釜ヶ崎地区を訪れました。釜ヶ崎地区は、日雇い労働者が多く集まっている地域です。そこには、決まった仕事も住む家ももてず、着の身着のまま路上で生活している人がたくさんいました。そうした人たちの暮らしぶりを目の当たりにして、奥田さんは大きな衝撃を受けます。

（こんな状況におかれている人たちがいるのか……）

その後奥田さんは、路上生活をしている人たちを支援する活動に参加するように

昼も夜もなく、ボランティア活動に没頭していた頃の奥田さん。

なりました。

26歳のとき、北九州市の教会で牧師の仕事につくことになった奥田さんは、そこでも路上生活者（ホームレス）の支援活動に参加しました。

そんな奥田さんに、ある日ひとりのホームレスの男性が助けを求めてきました。男性は、毎晩、中学生にびんや石を投げつけられていることを打ち明けます。心ない仕打ちにいかりを感じる奥田さん。

ところが、その男性は、

「あの子たちは、家はあっても帰る場所はないんじゃないか？　だれからも心配されていないんじゃないか？　おれはホームレスだから、その気持ちがわかる」
とつぶやいたのです。奥田さんははっとしました。
石を投げる中学生も路上で生活する人々も、本当になくしてしまったのは、ハウスとしての家ではなく、ホームとよべる人との絆。そのことに気づかされたのです。
人との絆の切れてしまった心と、自分はどう向き合えばいいのだろう？　彼らをどう助ければいいのだろう？　奥田さんの手探りの日々がはじまりました。

＊＊＊

それから3年ほどたった頃、奥田さんはひとりのホームレスと出会いました。
藤崎巌さん。出会ったときは69歳でした。首にできた大きな腫瘍のために、いつも苦しそうに首を曲げています。だれとも群れをつくらず、いつもひとり、郵便局の軒下で野宿をしていました。
奥田さんはなんども藤崎さんに声をかけ、支援組織が用意しているアパートに入るよう説得しました。藤崎さんの返事は、いつも「ほうっておいてくれ」。でも、奥田さんには、藤崎さんが本当にこの状態を望んでいるとは思えず、こばまれても声をかけ続けました。それが数年続きました。

そして、7年目の冬のある日のこと。

いつものようにアパートへの入居をすすめた奥田さんに、藤崎さんが突然、

「入ります」

とこたえたのです。耳をうたがった奥田さん。しかし藤崎さんは、用意されたアパートで本当に暮らしはじめました。

アパートに入ると、藤崎さんのようすが変わりはじめます。まわりの人とコミュニケーションをとるようになったのです。

しかしその一方で、首の腫瘍の状態が急に悪化していきました。間もなく藤崎さんは、声をだせなくなり病院に入院。

奥田さんは、毎日のように藤崎さんのお見まいに行きました。そのたび、藤崎さんは笑顔を見せます。路上で暮らしていた頃の険しい表情とはまったくちがう、おだやかなやさしい笑顔でした。

いよいよ病状が重くなり、別れを覚悟してお見まいに行った奥田さん。藤崎さんのために、病室でお祈りをささげました。すると、藤崎さんは筆談用のノートに、ふるえる手でこう書きました。

〈奥田先生、ありがとう〉

翌朝、藤崎さんは、病院のベッドの上で安らかに息をひきとりました。

藤崎さんを見送ったあと、奥田さんは、藤崎さんの心を思いました。

長いあいだ支援をこばみ続けていた藤崎さんが、なぜ、あの日突然、アパートに入居すると言ったのかはわかりません。でも、きっと、心の底ではずっと人との関わりを求めていたのだ

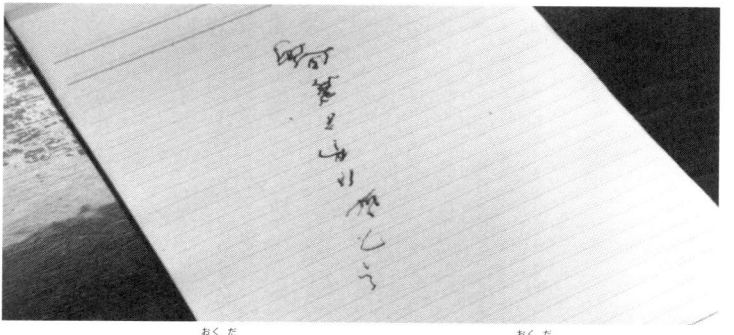

ふるえる手で書いた「奥田先生、ありがとう」の文字。奥田さんはいまでも大切にこのノートをもっている。

ろうと思いました。そして、そういう人はいまもたくさんいるはずなのです。

奥田さんは決意しました。

絆を失った人の「ホーム」になる

住む家がないことだけが問題なら、それはハウスレスです。深刻なのは「ホーム」を失っていること。ホームは、家庭、家族、人間関係などの、人とのつながりです。路上生活者たちは、ハウスだけでなくホームを失っています。その二重の困窮を解決しなければなりません。

絆を失った人のホームになり、心の絆をむすぶ。奥田さんの困窮者支援の活動の軸が定まりました。

✳支援の本質を見つめる

奥田さんは現在、NPO法人抱樸（旧北九州ホームレス支援機構）のリーダーとして、約１００人のスタッフを束ねています。30年間の活動を通して、３０００人以上のホームレスを再就職などの社会復帰へと導きました。

この驚異的な実績も、はじめの一歩は、路上で暮らすホームレスの人々一人ひとりへの地道な声かけからはじまっています。

市内を巡回していた奥田さんが、自転車でどこかへ向かおうとしているひとりの女性に目をとめました。一見ふつうの主婦のようにも見えますが、奥田さんは近寄って声をかけます。

「失礼だったらごめんなさい。あなた、今日行くところある？　だいじょうぶ？」

女性は帰る家がなく、24時間営業の飲食店で寝とまりをしていることを打ち明けました。女性の話を聞いた奥田さんは、

「こまったときは、いつでも連絡して」

と、テレホンカードと支援組織の電話番号をわたしました。

30年近くホームレスと向き合ってきた奥田さんには、帰る家のある人とない人の見分けがつきます。同じようにどこかに向かっているように見えても、家族がまっ

あなたへ

もしかすると、今夜あなたは仕事がなく、行くところもなく、困っておられるかもしれない、そんな思いであなたのところを訪ねました。きっと「自分ががんばるしかない」と精いっぱい自分を励ましておられるのだろうと思います。あなたはもう十分がんばられたのだと思います。

辛い状況があなたを苦しめていることでしょう。でも、それはきっとあなたにだけ責任があることではないでしょう。いや、まったくあなたとは関係のない事情で、あなたが苦しめられているのかも知れません。

私たちは、行き場のない人、困っている人、路上や公園で過ごさざるを得ない方々の相談を受け、住むところや働く場所、生活保護の申請などのお手伝いをしているボランティア団体です。NPO 法人北九州ホームレス支援機構と言います。相談されませんか。

私たちに出来ることは限られています。今すぐにあなたの問題をすべて解決できるわけでもありません。でも、ともかくあなたにこれだけは伝えたいのです。あなたは独りではないことを。私たちは、あなたと一緒に考えたい、一緒に悩みたいと思っていることを。どんなに闇が深くても、道が閉ざされているように思えても、まだ、あきらめるのは早いのではないかと、私たちはあなたへ伝えたいのです。

「あなたは独りではない」と記された手紙。

ている家に帰ろうという人と、これからどこに行けばいいのかと思っている人とでは、目がちがうのです。奥田さんは、行くあてのなさそうな人を見つけるとこうして声をかけ、支援する用意があることを伝えています。

ネットカフェなどに、「あなたへ」という手紙をおいてくることもあります。帰る家がなく、こうした施設で寝とまりする人に、支援する組織があることを伝える手紙です。

手紙には、無料で食料を提供するたきだしの日時や場所、支援を求めるときの連絡先などが記載されています。

そして「あなたは独りではない」というメッセージ。

奥田さんは、それが伝わることを祈って、この手紙をおいていきます。

北九州市内では、失業した人など、２００人近くが路上生活をしています。

「路上生活をする人は自分の意思でそうしているのだ」と言われることがありますが、奥田さんは、ホームレスの人々の大半は好きで野宿をしているのではないと言います。多くは、つとめ先の倒産やリストラなどで思いがけず仕事や住む家を失った人たち。北九州市の調査では、こうした路上生活者の８割以上が、仕事を得て自立することを望んでいることがわかりました。

しかし、一度ホームレスとなってしまうと、そこからはい上がるのはかんたんではありません。住所や電話がなくなるため仕事が探しにくくなり、長く収入がとだえると、やがて所持金がなくなって身なりもよごれてきます。そうなると、さらに仕事につきにくくなり、どんどん悪い循環にはまってしまうのです。自分ひとりの力で立ち直ることは、とてもむずかしくなります。

そこで奥田さんたちは、さまざまな方法で路上生活からの脱出の手助けをします。まずおこなうのは、仮住まいの提供です。奥田さんの組織は、行政と連携して5つの居住施設を運営しています。自立を希望する路上生活者は、この施設に入居することができます。

入居者には、布団や洗面道具、衣服などがあたえられます。清潔な衣服と安心して眠ることのできる部屋。危険できびしい路上生活の緊張から解放され、将来のことを真剣に考える環境がととのいます。これらの施設に住むことができる期間は最長で6か月。この6か月間が、自立のための活動期間です。

入居後も、奥田さんたちはきめ細かな支援をおこないます。生活費の確保は、もっとも緊急の課題です。これには、行政による生活保護などの仕組みを利用することができます。さらに、就職先を探したり仕事につながる資格をとるためのサポートをしたり、入居者が一日も早く自立の目標を実現できるよう手助けをします。

こうした支援は、ただ手厚いだけではありません。奥田さんたちは、自立に向け無理はさせません。ただし楽もさせません。奥田さんたちの支援に甘え、仕事探し

■ 路上生活者への自立のための支援活動

行くあてもなく路上で生活をしている人を保護することからはじまる奥田さんたちのホームレス支援活動。このあとは自立できるよう、さまざまなサポートをおこないます。

❶ 仮住まいの提供

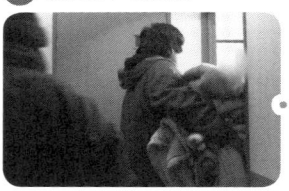

6か月の期限つきで、行政と連携して運営している施設を仮住まいとして提供する。

❷ 生活必需品の提供

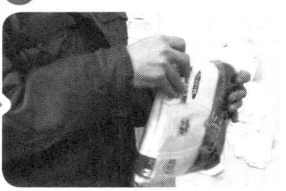

布団や洗面道具、衣服など、生活に必要なものを提供する。

❸ 生活費確保の申請

生活保護を申請して、毎月の生活費を確保する。

❹ 就職先の紹介とアパート設定

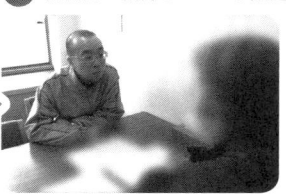

自立するため、就職先を紹介したり、就職に必要な資格取得をサポートしたりする。

自立

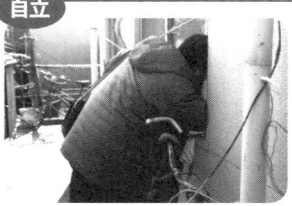

出会いから見守り、そして看取りまで

職が決まって住まいを見つけ、自立の準備がととのったら施設をでる。施設をでたあとも、その後の生活がうまくいっているか声をかけにいくなどサポートは続く。

に打ちこまずになまけている人がいれば、きびしい態度で接します。

支援は、その場しのぎのためのものではありません。めざすのは社会復帰。その目標を達成するために、奥田さんたちは自主的な自立をうながしてサポートしているのです。

自立のめどがつき施設をでたあとも、奥田さんは彼らとの関わりを絶ちません。仕事は続いているか、周囲の人とうまくつきあっているか、ようすを見にいき声をかけ続けます。

路上生活の経験は、ときに人の心に深い傷をのこします。生活を立て直すことはできても、その傷がいえないこともあります。そうした心の傷と向き合うことこそ、奥田さんがもっとも大切にしている仕事です。

家族を捨てたこと、社会から落ちこぼれたこと。そんな自分をゆるせず、みとめられない人々。奥田さんは、彼らが自分を見つめ直し、気持ちを整理できるよう導いていきます。自分をみとめ、受け入れることができなければ、本当の自立はむずかしいからです。

路上生活からぬけだし、人生を立て直そうと必死でもがく人々に、奥田さんは寄りそい続けます。よいことも悪いことも、そばにいていっしょに受け止めます。いっしょに反省し、いっしょに悩み、いっしょに泣く。相手と心でつながることで、失ってしまったものをとりもどして欲しいと思っているのです。

奥田さんたちの支援を受けて自立をはたし、社会復帰した人がたくさんいます。大きな会社に再就職した人もあれば、結婚して家庭をもった人、毎朝ボランティアで地域の清掃をしている人もいます。奥田さんたちのホームレス支援事業に支援者となって参加している人もいます。

一方、うらぎられることもあります。自立のために用意されたお金でお酒を飲んでしまう人、自分をコントロールできずあやまちをおかしてしまう人などもいます。

しかし奥田さんは、そういった人もけっして見捨てません。失敗やまちがいも、相手の人生として受け止めます。そして話し合い、またいっしょにやり直すのです。

人が人生をやり直すのには、大きな覚悟が必要です。相手にその覚悟をさせるに

社会復帰をしたあと、毎日地域の清掃をしている男性。

は、自分もそれにとことんつき合う覚悟を見せなければいけない。そして、奥田さんの覚悟が伝われば、相手は必ず変わることができる。そう考える奥田さんは、あきらめず、ゆらぐことなくサポートを続けていきます。

奥田さんには、20年におよぶホームレスの自立支援活動を通して気づいたことがあります。それは、「ホームレス」という人はいない、ということです。

「ホームレス」ではなく「人」に向き合う

ホームレスとよばれる人たちは、みな同じよ

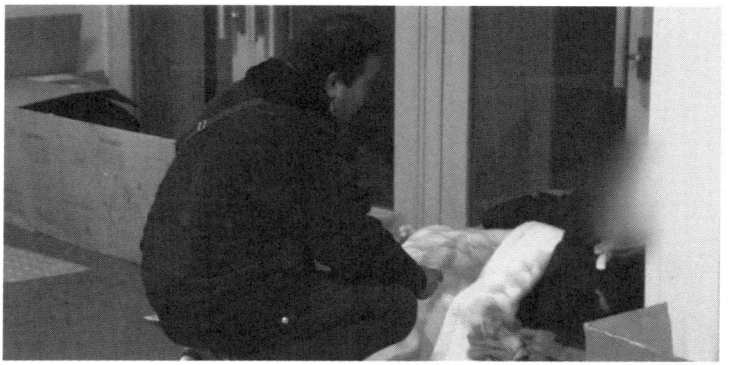

夜、路上生活をしている人々に話しかける奥田さん。

うに家や家庭や仕事を失っているように見えても、その事情や思いは一人ひとり異なります。そうした一人ひとりをサポートするのに、ひとりとおりのやり方では適切に対応することはできません。

それぞれに異なった過去や悲しみをもつ、たったひとりの人として、ひとりずつと向き合い、その思いに寄りそってそれぞれの問題を解決する手助けをする。そうすることではじめて、その人を支援することが可能になるのです。

そして、このことはホームレスにかぎらず、すべての困窮者の支援活動に当てはまります。

本当の支援とは何か。

そのことを、国や自治体、そして国民、住民の一人ひとりが、あらためて深くほり下げて考えてみるべきではないかと奥田さんは考えています。

✳被災者をささえる

２０１１年３月11日。東北地方を大きな地震がおそいました。地震に続いておきた津波によって、人や建物が流され、たくさんの大切なものが失われてしまいました。そして、津波にさらされた福島第一原子力発電所から放射性物質がもれるという深刻な事故。東日本大震災は、日本中に、そして世界中に激しい衝撃をあたえる大災害となったのです。

地震の1か月後、余震のやまない宮城県石巻市に、被災者の支援をおこなうため、奥田さんがかけつけました。津波で家がおし流され、ひっくり返った乗用車があちこちでどろをかぶる荒れはてた町の光景。奥田さんはことばを失います。

しかし、悲しんでばかりはいられません。奥田さんを被災地にかり立てたのは、

20年以上におよぶ困窮者支援活動で心にきざまれた、絆というものの力。その力を、この災害で苦しんでいる人たちのために役立てようと、あらためて決意を固めました。

奥田さんは、震災後すぐに行政と連絡をとり、連携して支援をおこなう準備を進めてきました。奥田さんの強みは、ホームレス支援活動のためにつくり上げた全国的なネットワーク。この組織を通じて、すでに東北に支援スタッフを送りこんでいます。

仙台市内の支援組織の事務局に集まった奥田さんとスタッフは、さっそく支援の現状や今後の方針についてミーティングをおこないました。

スタッフはすでに活動をはじめていて、行政の支援が届かない小さな避難所や施設などに、奥田さんたちが集めた食料や生活必需品などを届けています。その数およそ140。

自分たちの支援はきちんと相手に届いているか。役に立っているか。不足はないか。長年のホームレス支援の経験から、支援には相手に向き合うことが不可欠だと考えている奥田さん。実際に訪ねて確かめてみることにしました。

奥田さんが向かったのは、宮城県東部、太平洋につきでた牡鹿半島の集落。わずか9世帯の小さな集落です。

集落へ向かう道路はところどころ通行できず、支援は遅れがちになっていました。奥田さんたちは、この集落に九州で集めた物資を数回送っています。

奥田さんが訪ねていくと、地区内には、津波で散乱したがれきなどがそのまま放置されていました。

集落の区長は亀山秀雄さん。奥田さんが集落への支援について質問します。

「行政から、ボランティアなどは派遣されてきませんか？」

「とくにお願いしていないんですよ。がれきがどかせなくてちょっとこまっていますが、ここよりひどいところがけっこうありますので……」

亀山さんが、ほかの地域の状況を配慮して、自分たちの集落への救援の要請を遠慮していることがわかりました。奥田さんは、ふみこんで支援する必要があると判

宮城県石巻市の海ぞいの集落に向かった奥田さん。そこには想像以上の荒れはてた町があった。

断します。

「何か足りていない物資はありませんか？」

「そうですねえ。何が提供してもらえるのかわからないので、お願いもどうしたらいいのか……」

「そうですよね。そうしたらメニューをつくりましょう。そこから選んでもらえるようにします」

ほっとしたようすを見せながら、亀山さんは少し後ろめたそうな表情でもあります。

「いつお返しできるか、わかりませんけど……」

「そんなのはいいんですよ」

奥田さんはすぐにそうこたえましたが、苦しい気持ちになります。

支援のむずかしいところは、助けるという行為が一方通行になりがちだというところです。

人と人とのつながりは、おたがいがささえたりささえられたりしてなりたつもの。ささえられっぱなしだと感じさせる支援は、相手にとって重いものになってしまいます。苦しい状況にいる人たちに、さらにそういった重荷を負わせることは、支援をする奥田さんにとってもつらいことでした。

そこへ、亀山さんの奥さん昭子さんがやってきました。手に何通かの手紙をもっています。大分県から送られてきた物資にそえられていたというその手紙を、奥田さんに見せてくれました。

絵手紙です。明るい色の素朴な花の絵に、文章が書きそえられています。

〈生きていれば、きっと笑える時がくる〉

大分からの物資には、いつもこうした絵手紙が入っているのだと昭子さんは話し

大分県の見知らぬ人から、物資といっしょに送られてきた絵手紙。

ました。

「この手紙を集落のみんなで読ませてもらっています。みんな、涙を流して読んで。元気づけられます。わたしたちはすべてを失いましたが、いまは、このことばで生かされています。」

顔も知らないだれかが書いてくれた手紙が、苦しむ人の心をささえている。そのことに、奥田さんは胸を打たれました。

集落からの帰り道、奥田さんは、あの絵手紙の意味を考え続けました。

送られてきた物資は、もちろん被災者の暮らしを助けています。しかしあの手紙は、被災者にとって、物資の何倍もの意味のあるものだったのかもしれません。

心の絆が、命をささえる

人が生きていくために必要なもの。それがあの手紙にはありました。

あの手紙の意味は、3月11日の前とあととでは重さがちがうと奥田さんは感じます。奥田さんは、この手紙の意味を、これからの日本社会が本当にくみとれるか、それがこの国の将来を決めるのではないかと考えていました。

✳生きる場所をつくる

被災地での支援のかたわら、奥田さんはもうひとつの支援プロジェクトも進めていました。東北から移転する被災者を北九州へ受け入れる取り組みです。

福島第一原子力発電所の事故処理が長びき、放射能汚染を心配して、福島県をはなれて移住する人が増えていました。そういった人たちの住む場所を探し、移住後の生活のサポートをおこなうのです。奥田さんたちは、すでに70世帯以上、180人ほどを北九州市へ受け入れていました。

移住を希望しているある一家が、下見のために福島県から北九州へやってきました。母親のミチコさんと、長男のタケシ君、妹のスズちゃんの3人家族です。ミチコさんは、自宅でピアノの教室を開いていましたが、悩んだ末にピアノ教室をやめ、移住する覚悟を決めたのです。

ひとりも知り合いのいない土地へやってきた一家を、笑顔ででむかえる奥田さん。

「ようこそ北九州へ。九州ははじめてですか？」

気さくに話しかけながら、奥田さんはこれから転校することになる子どもたちのようすを気にかけています。

「お兄ちゃんは、突然北九州にくることになってどう？　だいじょうぶ？」

「だいじょうぶです」

長男のタケシ君は高校1年生。もともと無口で、今回の避難についても何も言わず引っ越しの準備をしているといいます。タケシ君の気持ちが気になる奥田さん、こんなことを言いだしました。

「明日の夜、ホームレスの人たちのためのたきだしをやるんだけど、もしいやじゃなかったら手伝ってくれないかな？　こわいもの見たさでもいいから」

突然のさそいに、ちょっととまどった表情のタケシ君でしたが、翌日、たきだしの手伝いにやってきました。

奥田さんはボランティアスタッフに、

「この子、ボランティア初参加。よろしくね」

と紹介し、タケシ君にお弁当をホームレスの人にわたす仕事をまかせます。タケシ君は、「こんばんは」と一人ひとりに声をかけながらお弁当を手わたしていきます。

お弁当を受けとりにきた人の中には、よっぱらって何を言っているのかよくわからないような人もいます。そんな人も奥田さんの顔なじみ。奥田さんは笑いながら、その人をタケシ君に紹介しました。

スタッフとして仕事をしている人の中にも、以前は路上生活をしていた人がいます。奥田さんは、次々にそうした人をタケシ君にひきあわせて言いました。

たきだしでホームレスの人たちにお弁当をわたすタケシ君。

「みんなしんどい経験をしてきたけど、人生むだなことはないんだよ」

奥田さんがタケシ君をここに連れてきたのは、いろいろな人に出会ってもらいたいと思ったからでした。

さまざまな人の、さまざまな痛み

世界は広く、いろいろな人がいて、さまざまな苦労があります。福島の苦しみや悲しみも深いけれど、それとはまたちがう苦しみや悲しみもある。それでもそれを乗りこえて生きている人々の姿に出会って欲しかったのです。そこから、タケシ君に自分が生きている意味を考えて欲しいと考えていました。

その夜、たきだしのあとも、タケシ君は奥田さんの市内巡回についていきました。そして冷たい地面に座りこんで、奥田さんとホームレスの人たちとの話にじっと耳をかたむけていました。

いよいよ一家の北九州への引っ越しの日がやってきました。この日も、奥田さんが駅の改札ででむかえます。

家は、奥田さんたちが見つけた、ピアノをおけるマンション。今後の生活もスタッフがかよってサポートをします。

奥田さんは、新居で荷物の整理をしたり、照明器具をとりつけたりと、いそがしく働く一家を手伝いながらようすを見守ります。

（お母さんは、だいぶつかれてるな……）

そのつかれは、引っ越しのつかれというより、あの地震のあとずっと続いている、特殊な緊張によるつかれなのかもしれません。そしてこれからまた、新しい生活をする上での別のつかれがでてくる可能性もあります。それをしっかりささえなくては、と奥田さんは考えます。

奥田さんは、一家が悩みぬいた末に決めたこの移転を、後悔のないものにして欲しいと願っていました。

一家が北九州での新しい生活をはじめてから1週間後、奥田さんは一家のサポートをしているスタッフにようすをたずねました。とくに、子どもたちが新しい学校になじんでいるかが気にかかっています。

小学校5年生のスズちゃんは、新しい友だちもできて元気に学校にかよっていました。久しぶりに外で思いきり遊ぶことが楽しくて、毎日校庭を走り回っています。

一方、タケシ君は県立の進学校に編入しましたが、悩みをかかえていました。

以前は音楽大学への進学をめざして、東京までピアノのレッスンにかよっていたタケシ君。しかし、そのレッスンは震災のために中断しています。挑戦した全国コンクールでも、満足のいく成績をのこせませんでした。

そして今回の移住。環境が大きく変わる中、この先もいままでどおりの目標でピアノを続けていくか、進路に迷っていました。

希望としては、音大へ進み、将来はピアノを弾いたり教えたりする仕事につきたいと思っています。でも新しい学校は勉強がいそがしく、ピアノを弾く時間はへってしまっています。

音楽ではなく、経済や教育を学ぶ大学へ進学するほうがよいのだろうか。タケシ君は真剣に悩んでいました。

そんなある日、奥田さんは、教会に遊びにきたタケシ君にピアノを聴かせて欲しいとたのみました。

少しためらったあと、ピアノの前に座ったタケシ君が弾きはじめたのは、ショパンの『革命』。全国コンクールで弾いた曲です。

タケシ君の力強い演奏に、奥田さんは圧倒されました。

友だちと別れ、大切なものをたくさんおいて新しい土地へやってきたタケシ君。悲しいこともくもくと受け入れ、あたえられた環境の中で、自分のことや将来の

タケシ君の力強いピアノをじっと聴く奥田さん。

ことを一生懸命に考えている、その強さやひたむきさが、音を通して伝わってきました。

途中で音を外して手が止まり、

「やっぱりちょっと、練習不足」

と、照れくさそうに笑ったタケシ君に、奥田さんは、

「いやいやすばらしいよ。感動した」

と拍手を送ります。

そして、タケシ君のピアノに大きな可能性を感じて、ある計画を立てはじめていました。

数日後、奥田さんはミチコさんにひとつの相談をもちかけました。

「教会で、タケシ君を中心にしたコンサート

を開きたいと思うんです。北九州に避難されてきた方たちも招待して、タケシ君のピアノで地域の人たちをはげましてもらえればと思って」

奥田さんは、それを「出会いのコンサート」と名づけました。コンサートにきて新しい人と出会えれば、避難してきた人たちも地域とつながりをつくることができます。そして奥田さんはタケシ君に、この北九州で新しい役割をになって欲しいと思っていました。ささえられるだけでなく、地域の人々をささえる力になるのです。

地域の希望になる

奥田さんは、だれかをささえるという経験が、逆境の中でタケシ君を大きく成長させ、将来のことを考えるのに当たってもプラスになるはずだと考えていました。

ミチコさんの了解が得られ、コンサートの準備がはじまりました。

「出会いのコンサート」当日。会場として準備された奥田さんの教会に、たくさんの人が集まりました。被災地から避難してきた人、地域の住民、奥田さんと活動している支援組織のスタッフなどです。

コンサートがはじまり、制服姿のタケシ君がピアノの前に進みでて一礼しました。

1曲目は、ショパンの『別れの曲』。静かな美しいメロディーが、会場の人々を包みこみます。ふるさとをはなれてこの北九州にやってきた人たちに、なつかしい人の顔や親しんだ光景を思いださせてくれるような、やさしい演奏でした。

2曲目は、『革命』。1曲目とは打って変わって激しい曲です。無口なタケシ君の指先が、力強い音を生みだします。その音には、困難にも弱音をはかず、目の前にあることに全力で向き合うタケシ君の強さがこもっています。その強さが聴く人の心をたたき、ふるい立たせるようでした。奥田さんは目を閉じて、その力を感じとります。

計5曲。勉強でいそがしい中、練習時間をつくって準備してきたすべての曲を、タケシ君は弾き終えました。

会場に大きな拍手がわきおこりました。

ほっとした表情のタケシ君のところに、次々に来場者がやってきて話しかけます。

いま就職活動をしているという若い男性は握手を求め、
「今日は、いっぱい力というか、勇気をもらったんで、またおれもがんばるつもりです。ありがとうございました」
と、頭を下げました。タケシ君は、まにかんだような、でも充実した笑顔です。
奥田さんはタケシ君をねぎらいました。
「つかれたやろ？」
「すごい緊張しました」
「だけど、いい表情してたよ。また弾いてよ。今日聴いた人、みんな喜んでるから。なぐさめられた、はげまされたって」
タケシ君は笑顔でうなずき帰っていきました。

新しい土地で役割をになうという大きな一歩をふみだしたタケシ君。その姿を見送りながら、奥田さんはつぶやきました。
「あいつは希望やね。あの子の10年後が見てみたい」

タケシ君は、奥田さんたちの支援によって新しい生活にのぞみ、一方でこの北九州の人々と心でつながり、地域をささえる力になってくれるはずです。おたがいをささえ合うという奥田さんが理想とする支援が、すでに芽をだしていました。

この芽が大きく育ち、タケシ君と地域の将来をより明るいものにしてくれることを奥田さんは願っています。

大震災をきっかけに、遠くはなれた土地の人同士のあいだに生まれた新しい絆。その絆が、困難に立ち向かう希望をくれます。

奥田さんはその力を信じて、人の心と向き合い、つながり続けるのです。

プロフェッショナルとは

使命という風が吹いたときに、
それに身をゆだねることができる人。
そして、そのときに、自分の思いとか
考えとか都合とか好ききらいというものを、
一部断念することができる人。

第112回2009年3月9日放送
スペシャル2012年4月16日放送

こんなところがプロフェッショナル！

困窮者支援のエキスパート奥田知志さん。
こんなところがすごいよ。

人生をかけて関わり続ける

自立に向けて一生懸命支援をおこなう奥田さん。そこには、絆を失った人々の「ホーム」になるというゆるぎない覚悟があります。自立したあとも、人生をかけてその人たちに関わり続ける覚悟です。

出会った人に全力をつくす

ひとりで何百人をも支援しようとする前に、目の前のひとつの出会いに、全力でていねいに向き合うことで、より強い絆が生まれる。こうした小さな出会いが世の中にたくさん増えれば、たくさんの人が救われるはずだと、奥田さんは考えて活動しています。

聞きとりノート

夜の街を歩き、ホームレスの人たちから聞いたことを記録しているノート。生年月日や本籍地、路上生活を強いられたいきさつなど、聞いたことをすべて書きとめます。ホームレスの人たちは路上で亡くなると、記録がなく生きているあかしもなくなってしまいます。このノートが、今後の支援の参考になると同時に、彼らが「生きたあかし」にもなるのです。

ホームレス支援の驚異的な実績

これまで多くのホームレスの人たちの自立を支援してきた奥田さん。支援した人の９割以上が社会復帰をはたしています。この驚異的な実績は、全国から注目を集めます。

プロフェッショナルの格言

支援活動で絆をむすぶ、奥田知志さんのことばを心にきざもう。

「無理するな、楽するな」

奥田さんはこのことばを胸に支援活動をしています。ときに温かく包みこみ、ときにきびしくしかる、家族のような関わり方で、相手がだんだんと前向きな気持ちをとりもどしていくと、奥田さんは考えています。

人はいつか変わります

自立支援をおこなう中で、相手にうらぎられることがあっても、奥田さんはそれもその人の人生と受け止め、支援をやめません。どんな相手にでも関わり続けることで、いつか何かが変わると信じているのです。

絆で、心をささえる

30年近く、ホームレスになった人々を社会復帰へと導いてきた奥田さん。人をささえるとき何よりも大切だったのは、一人ひとりと絆をむすぶこと。これからも絆で心をささえていきます。

NHK
プロフェッショナル
仕事の流儀

■ 執　筆　そらみつ企画
■ 編集協力　株式会社 NHK出版
■ デザイン・レイアウト　有限会社チャダル
■ イラスト　門司美恵子
■ 協　力　東京地下鉄株式会社、三菱倉庫株式会社、
社会福祉法人路交館、東京水道サービス株式会社
■ 写真協力　東京地下鉄株式会社、東京水道サービス株式会社、
一般社団法人邑南町観光協会、
一般社団法人食と農人材育成センター食の学校
■ 校　正　田川多美恵
■ 編　集　株式会社アルバ
■ カバーイラスト　usi

NHK プロフェッショナル 仕事の流儀 5
くらしをささえるプロフェッショナル

発　行　2018年4月　第1刷

編　者　NHK「プロフェッショナル」制作班

発行者　長谷川 均
編　集　崎山貴弘
発行所　株式会社ポプラ社
〒160-8565　東京都新宿区大京町 22-1
振　替：00140-3-149271
電　話：03-3357-2212（営業）
03-3357-2635（編集）

ホームページ　www.poplar.co.jp
印刷・製本　中央精版印刷株式会社
©NHK
N.D.C.916/207 P/20cm　ISBN 978-4-591-15761-9
Printed in Japan

落丁本・乱丁本は、送料小社負担でお取り替えいたします。小社製作部宛にご連絡ください。電話：0120-666-553　受付時間：月～金曜日、9：00～17：00（祝日・休日は除く）。本書のコピー、スキャン、デジタル化等の無断複製は著作権法上での例外を除き、禁じられています。本書を代行業者等の第三者に依頼してスキャンやデジタル化することは、たとえ個人や家庭内での利用であっても著作権法上認められておりません。

NHK

プロフェッショナル

仕事の流儀

編：NHK「プロフェッショナル」制作班

全8巻

小学校高学年以上

N.D.C.916

四六判

仕事にかけるプロフェッショナルたちを紹介

1 革新をもとめるプロフェッショナル

自動車整備士・小山明、小山博久／引っ越し作業員・伊藤秀男／ビル清掃・新津春子／クリーニング師・古田武／義肢装具士・臼井二美男

2 技をきわめるプロフェッショナル

パン職人・竹内久典／ぎょう鉄職人・葛原幸一／時計職人・松浦敬一／うなぎ職人・金本兼次郎／そば打ち職人・高橋邦弘

3 創造するプロフェッショナル

発明家・道脇裕／ロボット研究・山海嘉之／工学博士・國中均／町工場経営者・竹内宏／フィギュアメーカー社長・宮脇修一

4 命と向きあうプロフェッショナル

助産師・神谷整子／小児外科医・山高篤行／ウイルス学者・高田礼人／介護福祉士・和田行男／獣医師・蓮岡元一

5 くらしをささえるプロフェッショナル

鉄道ダイヤ作成・牛田貢平／クレーン運転士・上坪茂／保育士・野島千恵子／水道技術者・笑喜久文／地方公務員・寺本英仁／困窮者支援・奥田知志

6 食をささえるプロフェッショナル

りんご農家・木村秋則／肉牛農家・鎌田秀利／カキ養殖・畠山重篤／チーズ農家・吉田全作／カツオ漁師・明神学武

7 表現するプロフェッショナル

バイオリニスト・五嶋みどり／狂言師野村萬斎／ガーデンデザイナー・ポールスミザー／バスガイド・崎原真弓／書体デザイナー・藤田重信

8 信念をつらぬくプロフェッショナル

プロサッカー監督・森保一／囲碁棋士井山裕太／恐竜学者・小林快次／歯科医熊谷崇／建築家・大島芳彦